梦走以舟

邓德林◎著

中国金融出版社

责任编辑：王雪珂
责任校对：刘　明
责任印制：程　颖

图书在版编目(CIP)数据

梦远行舟 / 邓德林著. —北京: 中国金融出版社，2023.1
ISBN 978-7-5220-1796-9

Ⅰ.①梦⋯　Ⅱ.①邓⋯　Ⅲ.①社会科学 — 文集　Ⅳ.①C53

中国版本图书馆CIP数据核字 (2022) 第210307号

梦远行舟
MENGYUAN XINGZHOU

出版
发行　**中国金融出版社**

社址　　北京市丰台区益泽路2号
市场开发部　(010) 66024766，63805472，63439533 (传真)
网 上 书 店　www.cfph.cn
　　　　　　(010) 66024766，63372837 (传真)
读者服务部　(010) 66070833，62568380
邮编　100071
经销　新华书店
印刷　北京侨友印刷有限公司
装订　保利达印务有限公司
尺寸　169毫米×239毫米
印张　18.75
字数　268千
版次　2023年1月第1版
印次　2023年1月第1次印刷
定价　89.00元
ISBN 978-7-5220-1796-9
如出现印装错误本社负责调换　联系电话 (010) 63263947

序一

梦远，脚步就会行得更远

阎雪君

　　"荷风送香气，竹露滴清响。"在这深秋时节，我收到了邓德林先生的诗词稿件《梦远行舟》，这是他即将付梓的一部格律诗词集，按主题分为人间情暖、时代颂歌、深厉感悟、品味风情、生活物语五个篇章。

　　细品诗词，一股浓郁的故乡情怀萦绕心头，将我的思绪牵引到了他的家乡洞庭湖畔，字里行间充盈着他对乡土、对乡亲无比的热爱；在讴歌时代的篇章里，处处充满了强大的正能量，让我感受到他对党无比的忠诚与对组织无比的热爱；在后面三个篇章，他以生花的妙笔，用心记录工作与生活的轨迹，用情抒写对事业对同事率真的性格与心灵，使我领略到他心中的另一片苍穹，让我感叹他功夫在诗外的独特风景。

　　时至今日，我与德林先生未曾谋面，但我从金融作协众多文友的仰慕与推荐中，早已知晓德林先生既是湖南农信系统的主要领导，还是金融文艺界的诗词名家。我们神交已久。还有一点更重要，我曾经在山西大同信用社工作多年，"三农"的热土和信用社的工作与生活是最接地气、有人气的，也是最有人文情怀和朴实情感的，2000年我创作出版的长篇小说《原上草》，就是全国第一部为农村信用社树碑立传的作品。前些日子，我在安徽合肥参加了《中国农村金融》杂志社的表彰和培训活动，亲自为湖南农村信用社的获奖单位和先进个人颁奖，也深知一直以来湖南农村信用社系统是全国农村金融先进文化和文学创作的繁荣之地和杰出代表。早在二十多年前，湖南农村信用社就创作拍摄出了全国第一部反映农村信用社改革发展恢宏历程的电视剧《捧起太阳的人》。这样一来，我与德林先生有着同样的农信情缘、同样的文学情怀。无论是站在金融作协负责人的角度，还是我们共同拥有的农信情怀，我都应该为德林先生诗词集出版增添馨香一瓣。

细品呈现在面前的这部诗词集，每首作品既是德林先生人生追求轨迹的展示，也是他品读人生的心得体会，还是他对社会景象的思索与感悟。他作为省级大型金融企业的负责人，又非文学专业科班出身，却对诗词有如此深厚的功底与造诣，还能积攒下这么多诗词作品，实属难得。

透过德林先生的作品，得知他和我一样，都是一个地地道道的农家子弟。大学毕业后，他在共青团、地方党委政府、企业多个岗位历练，凭借勤劳、实干、智慧，他走上领导岗位。由于经历的事较多，所以他的作品在题材上选择甚广，既有与人唱和的，有托物言志的，有感事抒怀的，有咏史说今的；也有回乡行、新人赋、离别情、边关韵；还有对祖国繁荣昌盛的欣喜和面对复杂时事的沉吟低回；可谓题材多样，风格迥异。诚如古人所说："诗有史，词亦有史，庶乎自树一帜矣。"

德林先生的诗词来源于生活。在百多首诗词里，没有无病呻吟，没有矫揉造作，没有空洞编造，每首都来得自然，来得真切，来得饱满，在自然中抒写情怀，在激情中讴歌时代，在炽热中品味生活。如《渔家傲·再别康桥》："轻轻走来轻轻了，彩云招手柳含笑。青荇水柔波影照。康河道，撑支长篙渔家傲。悄悄别离笙不啸，夏虫沉默伏浮藻。夕照彩虹无限好。康桥杏，海枯石烂心不老。"即便是客观的事物，在他主观情绪的意境里，也变得如此美好，如此韵味十足。

德林先生的诗词在艺术格调上清新而脱俗。无论是诗还是词，无论写景还是写事，总给人一种春风拂面的感觉。如《定风波·挂职千山红》："春夏潇潇雷雨声，崎岖曲折乃前行。轱辘四轮不胜马，谁怕？康庄大道有新生。万顷蔗田添嫩叶，甘冽！葡萄花盛溢香迎。碧血丹心时警醒，坚定！不经风雨怎还晴？"原本是前往路途遥远的地方挂职，但其心境却在使命中豁然开朗，随之而来的是在坚定中充满新生的力量，这种力量既有组织对他的培养，也有他发自心底不负组织栽培的强大动力。在《五绝·农趣十首》诗作中，通过对插秧、扮禾、煮饭、酿米酒等场景的描写，真实而又自然地反映了农家生活，其情感鲜明，诗意深远，一句"醉美在家乡"，表达了德林先生浓浓的怀乡之情，同时通过这些场景的描写，将农民群众的生产生活刻画得栩栩如生、淋漓尽致。尽管描写的事物与场景非常细小，但从诗句中可以读出他不忘初心、永葆本色的精神品质。

德林先生的诗词背后还融入了生动的故事。如《忆江南·踏征程》《霜天晓角·家乡的油菜花》《鹧鸪天·大干冬修水利》《武陵春·芙蓉镇》等诗词，既抒写了诗词的创作背景，又写清了内心深处的那片天空。"青石板街百回转，豆腐米香留。小小背篓笑晃悠，木叶传情柔。"短短一行字，既展现了场景，又反映了民俗风情，尤其是背篓的故事引人入胜，木叶传情柔的意境令人回味无穷。

最为可贵的是，德林先生的诗词饱含深情。这一点，缘于他对生活的无比热爱。因此，他写的每一首诗词，字里行间蕴含深情，读来让人感慨万千。《点绛唇·航天英雄》《蝶恋花·惊闻汶川噩耗》等，这些诗词，他站在一定的高度来审视、抒写，表现了改革开放以来的丰功伟绩，同时又通过对人物与事件的描写，表现了祖国的繁荣富强。在题材的选择上，抓住了关键的人和事，以对人对事的深度刻画与抒怀，将时代情怀与时代精神浓缩于笔下，让波涛汹涌的改革在诗词中绽放光芒，让遨游太空的壮举在情感中豪唱，让十亿人民对汶川的悲伤留下永恒的记忆。这些诗词，敞开心扉表达情怀，具有极强的感染力和强烈的现实意义。

值得一提的是，德林先生的诗词是很有个性的。他诗词中的每一首游记，都融入了他对大自然、对祖国大好河山的赞美。大千世界，纷繁复杂；文化经典，灿若星河。泱泱中华是诗词的国度，古典诗词是中华传统文明的瑰宝与文化的结晶，德林先生的诗词就是百花园中最具特色的一朵花。真心期待德林先生的诗词集《梦远行舟》散发芬芳，清香远溢。祝福德林先生，他的梦远，他的诗词小舟定会行得更远……

是为序。

2021年10月19日于北京金融街

※作者简介：阎雪君，中国作家协会全国委员会委员、中国金融文联副主席、中国金融作协主席。在中央、省部级报刊发表作品380多万字，其中长篇小说《原上草》《天是爹来地是娘》等6部；主编《中国金融文学》杂志、《中国金融文学奖获奖作品集》、《当代金融文学精选丛书》（12卷）等，作品多次获得"中国金融文学奖"。新华社、《人民日报》等报刊评论其作品：具有浓郁的乡土气息和鲜明的金融特色。

序二

哲行先觉　诗吟天下

姚秉德

牛年桂月中旬，仍阳光火辣，高温炙烤，桂花慵开，芭蕉憔悴，随口吟出了《画堂春·中秋》：

夕阳斜照旱蛙鸣，
弄风汗水重重。
芭蕉憔悴桂花慵，
无奈秋中。

小径高亭独上，
凭阑不见花红。
远观无语对邪崆，
此恨谁同？

该词在我个人公众号发出后，收到了"老中医"的评论，"好词！可惜悲秋。夕晖无限好，何悯近黄昏"。"老中医"是邓德林先生的网名。在此之前，邓先生与我仅有匆匆一面之交。那是在今年五月的扬州"中华当代文学学会第七届诗词世界杯中华诗词大赛"颁奖典礼上，我向获得一等奖的邓先生握手致贺，相互留下了微信号。我看到他的词评，打开其微信，拜读其诗词。《七律·到韶山》一下把我吸引了。

追思伟迹忆当年，
苦难中华屡受煎。
星火燎原播信仰，
群英热血谱新篇。
旌旗漫卷长风舞，
跃马征程再响鞭。
笑看杜鹃花似锦，
苍茫大地喜空前。

诗人以轻快的笔调、欢乐的语言，追思先人的忘我奉献，讴歌祖国日新月异的发展，使人耳目一新。

此后，我与邓先生的网上交往密集起来。前天，他将待付梓诗词集《梦远行舟》亲手赠予我。昨晚，我认真品读了百余首。感觉如在月夜中行走，有清凉的微风吹拂，有悦耳的蛙蟋蜇鸣，使人神清气爽；又如临塞北古战场，有战鼓隆隆，号角声声，汗马嘶鸣，刀戟叮当，使人斗志昂扬；再如入西天，有神仙授道，和尚念经，巾幡佛拂，哲理深深，使人受益匪浅！

君可见，《五绝·农趣之捉泥鳅》：

小嘴巴唧抖，
身条软晃悠。
掌合一大把，
总有几条溜。

仅用二十字，诗人就把农村小孩捉泥鳅的过程描绘得惟妙惟肖，把孩子的天真浪漫刻画得入木三分，"总有几条溜"更是揭示了事物不可能尽善尽美的哲理。

君可见，《行香子·过若尔盖草地》：

越过百川，云逐浪翻，九曲黄河几多湾。
疾驰草地，雾渺风烟。
万里长征，破隘险，亮明天。

今朝花海，风光旖旎，绿翠无垠马羊欢。
笙歌嘹亮，金玉银山。
皓空翱翔，美如画，漫无边。

词人重走红军长征路，体会到先辈创业之艰，美好生活来之不易。并鞭策自己，要像雄鹰一样，为了先烈未尽事业而"皓空翱翔"。很难读到这样歌颂党、歌颂祖国、歌颂人民的既传承中华优秀文化，又有当今新文化特色的清吟。我们怎能不为之而欣喜？

君可见，《沁园春·贺何晓明先生九十大寿》：

沩山雄龙，银城英谱，翁得头筹。
策乡镇企业，辉煌初现；湘南开发，史册名留。
朝越雪峰，晚临资水，天佑安康完美收。
从心欲，静水而流长，不见停游。

词人讴歌了革命老人何晓明同志奋战雪峰山、统领益阳地区，艰苦奋斗、廉洁自律。深深怀念"当年月夜同舟，洞庭外，长江万里求"的共事岁月。韩愈《答魏博田仆射书》云，"谬承知遇，欣荷实深"。乌鸦尚知反哺，荆轲刺秦报恩。词人生性豁达，情深义重，为恩人而填词贺寿，值得赞扬！

读《梦远行舟》，就如同读邓先生的人生，豪情万丈，波澜起伏，栉风沐雨，务实求进；读《梦远行舟》，就如同读邓先生的为人，尊师重友，感恩图报，求索精进，携手共行；读《梦远行舟》，就如同游历山水诗画，名山大川，异国他乡，人情世故，风花雪月，多奇多妙也。

山不在高，有花则漫；水不在深，有纯则净；诗不在多，有精则名。衷心祝愿邓德林先生再创辉煌！

2021年9月29日撰于麓山松庐

※作者简介：姚建刚，字秉德，湖南大学资深教授，博士生导师，享受国务院政府特殊津贴专家，我国电力工业知名科学家。湖南省作协会员，中华诗词学会会员，中国当代文学学会副会长，中国散文家协会副会长，《诗词世界》杂志社副社长。已由线装书局等出版社出版《麓山松庐诗词散文集》等文学专著两本；已在《湖南日报》《诗词世界》等报刊和网络媒体上发表旧体诗、新诗、辞赋歌记、散文、小说二百多篇。

自序

　　每个人在年少时都追逐过梦想，各自有独特的经历和回忆。回味人生，那些美好或独特的瞬间已成为生命中最为珍贵的记忆。也许有的事情并不尽如人意，但经历过无数风雨，跨过道道坎坷，越过座座山丘，梦远行舟，一路走来，一点一滴都是人生的宝藏。

　　20世纪70年代末恢复高考后，我梦想读政法戴法官帽，立志惩恶扬善，老师让我填报中文系，说容易成名，最后却被录取到了哲学专业。大学四年培养了我洞察社会和善于思辨的基本素养，步入社会后，其成为影响我一生的重要思维方式和工作方法。我在职研究生毕业于中央党校导师制政治经济学专业，师从中央党校原副校长、著名经济学家王东京教授，这又让我能在经济金融领域多年的职业生涯中更加理性和务实。

　　工作近四十年，也公开发表过一些文章，但我更喜欢用更简洁的文字记录生活。我想，古人的诗词歌赋，寥寥几句，却包罗万象，寓意深刻，既可以仰望历史的天空，又可以俯视地上的落叶，相比现代直白的表达，经典更能咏流传。

　　我在农村长大，时常饿着肚子上学，而最缺的还是精神食粮。中学时代，除借着看过周立波的《山乡巨变》和郑直的《激战无名川》两本小说外，再也没有接触到任何文学著作。参加工作后，领导送我的《毛泽东诗词》和《宋词一百首》小册子，让我如获至宝，我随身携带，闲时翻翻，每逢大事必学着随手填上几行，偶尔也试着发表了几首，还荣获了中华文学学会举办的诗词世界杯中华诗词大赛一等奖，但大多只顾自己追忆和自赏。

日积月累，写的篇数多了，朋友鼓励我成册。我担心基本格律都拿捏不准，羞于出手。我小时候在农村上学连汉语拼音都没学好，对诗词韵律很难把握准确，只能查看字典，有时为一个字磨上几天甚至更长时间。好在现在有电脑工具帮助检测，精选百余首校对修改。词牌格律大多是采用正体，也有个别是变体，虽然遵循了古诗词的格律，但部分用中华新韵合韵，个别不合平仄的，也不纠结，借韵律服从意境的原则聊以自慰。需要强调的是，诗词中的某些感慨，只是当时背景和心境下的有感而发，并非本人的一贯思想和观点。

感谢师长友人品词赏析或挥毫书画，让拙作增色不少。身边同事朋友很多是我的一字之师，不一一言谢。感谢人生一路走过来的良师益友！

2021年7月1日晨于长沙洋湖

目 录

深厉感悟

青春作伴好还乡

李定新

宋词是中华民族的骄傲，传统文化的精华，中国文学的经典，诗歌美学的宝库，同时，也是现代人永恒的精神家园。

在纷纷扰扰、琐琐屑屑的日常生活里，在灯红酒绿、物欲横流的滚滚红尘里，在此情无计可消除的月夕风晨，我常常陶醉在品读宋词经典的时光中。情之所至，也偶尔依葫芦画瓢，戏诌涂抹几句，却终因功底浅薄，难成章句。故而遇有作词高人，总是心生敬意，想方设法找到其作品，灯下一人静静赏读。有的词人从未谋面，但读其词作时深感心性相通，久而久之，便成了心灵家园中的友人。

邓德林先生就是这样一位友人。读到他的作品纯属偶然。有一日，与文友杨文辉聊天，天南海北，胡乱调侃。后来习惯性地又聊到了文学，聊到了古体诗词。他突然兴奋地说一定要向我推荐一位诗词高手，而且说到做到，立马就通过微信发给我一长串作品。他推荐的友人就是德林先生，发过来的作品就是他的《诗词百首》。

杨文辉是中国作协会员，知名作家，他推荐的自然是名副其实的诗词大家。回家后，我便打开微信，开始一首一首地慢慢赏析德林先生的诗词作品。越读越喜欢，不知不觉地，一个晚上就读完了百篇诗词。

德林先生涉猎广泛，视野开阔，笔力老练，学养深厚。他的诗词作品纵论古今，横议现实，不枯涩，不胶滞，跨幽明之隔，通古今之邮。其主题涉及方方面面，议政则国族黎元，论史则存亡兴废。每读一首，或让人掩卷长思，或让人兴奋难耐，或让人

捶首顿悟。也许是在乡野长大的缘故吧，其中，最让我印象深刻的是写景抒情，特别是写家乡景物的诗词作品。这些作品或状物抒情，或情景交融，每读一首，皆能引起发自内心的共鸣。

而我最喜欢的词作当属《霜天晓角·家乡的油菜花》。这首词写的是在家乡草长莺飞、蜂舞蝶跃的阳春三月，诗人和学友们一起踏青赏油菜花的情景，格调高雅，语句清新，读来如沐春风，称心快意，让人很自然地生发出一种"白日放歌须纵酒，青春作伴好还乡"的欢快之情。

我查阅了德林先生的简历，他生于1962年12月，在农村长大，毕业于湘潭大学哲学系，在基层和省、市党政部门担任过领导职务，还是省党代表和政协委员。我又看了这首词后面的相关"题释"，知道了这首词写于1995年3月，当时作者正在省委党校中青班学习。这首词正是写他邀请同学师友到家乡踏青采风、欣赏油菜花的情景，充分体现了学子们意气风发、踌躇满志的欢乐场面。

上阕开头一句便写明了季节时令，即"阳春三月"，正是一元复始、万象更新，生机勃发的大好时光。既是写景，又是写当时内在的心情。"遍地黄花晔"，写的是具象。漫山遍野的油菜花，一览无垠，春天烂漫的景象一下子铺天盖地展现在读者眼前。接着写油菜花香，蜂舞蝶跃，明是写景写物，实则写人写情，展现了一班年青学子在春意盎然的大自然中欣然忘我、欢呼雀跃的生动场景。

下阕开头一句直截了当地写出了学子们按捺不住的欢悦心情。接着写头顶轻轻掠过的微风白云，反映了学子们陶醉在良辰美景中宠辱两忘的身心状态。最后一句"我要放声铿越，开醉眼，词一阕"，又是直抒胸臆，淋漓尽致地表达了作者"白日放歌须纵酒、青春作伴好还乡"的欢快心理。

其实，读德林先生《霜天晓角·家乡的油菜花》的时候，我除了对作者的文笔练达、格调高雅心生敬意外，还不得不对作者的深厚的古文功底和丰富的诗词格律知识深表佩服。"霜天晓角"是一种词牌名，又名"月当窗""长桥月""踏月"等，以林逋《霜天晓角·冰清霜洁》为正体，双调四十三句，前段四句三仄韵，后段五句四仄韵。韵感多变，很难把握。但德林先生显然受过专门训练，或经过常年摸索，平仄把握很准，读来朗朗上口，心畅神怡。

※作者系中国作协会员、安化县文联主席，知名诗人。

长相思·娘亲

沅水流，澧水流，无尽东奔不到头。
思亲日日愁。

地悠悠，天悠悠，自古难全忠孝求。
泪干方始休。

【题释】

1998年夏沅江特大洪灾，我主战抗洪一线，连续三个月未曾回家，至8月底洪水完全退去，方才探视病危的母亲。可怜天下父母心，而好男儿志在四方，自古忠孝两难全，春蚕到死丝方尽，践行入党宣誓，为党和人民牺牲一切才是自己的本分。

妈妈的味道

这首《长相思·娘亲》创作于1998年9月。

不到半年，病重的妈妈撒手人寰。二十多年后重读这首词，总还想为远在天国的妈妈写点什么。

上大学之前，我的活动半径没有超越本乡，16岁考上大学后就走向了外面的世界。长期在外漂泊，虽然餐食丰足，但总觉得还是不如妈妈的味道。年过半百好不容易安定下来，而劳累一生的妈妈却早已离我们远去，只能在记忆中偶尔回味妈妈的味道。

妈妈的味道是只有自己儿女才能感知的味道。小时候农村很穷，只要能填饱肚子就算是很好的家庭了，荤食只有过年或红白喜事才有。平时家里来了尊贵客人，也只是凭关系去公社肉食站买斤把肉，还要尽可能挑肥点的好煎油。我初中读的是3公里外的公社中学，一般家庭的孩子是没有午饭吃的，条件稍好的要么自带饭，要么花一毛钱到街上唯一的馆子吃一碗无码子的光头面条。下午放学较早，回到家随便应付吃点已经凉了的剩饭。

有一天放学回家，我迫不及待地揭开锅盖，一股香气扑鼻而来。饭上面托有一碗菜，是干煸的鳝鱼。我好久没进荤食，终于迎来了饕餮大餐。光盘后问妈妈哪来的这么粗大的鳝鱼，妈妈笑笑说，到菜地粪凼里沤肥挖出来的。几十年了我一直后悔，怎么当时就顾着自己吃，没有让妈妈也尝尝她自己辛劳做的美味呢？宁可苦自己也不能苦孩子，这就是妈妈的品格。

参加工作后，条件好了，尤其是社会不断进步，菜肴品种繁多，但我对两样食物总是特别钟情。一是面条，上中学时每每看到别的同学午餐能吃碗面条，而我垂涎欲滴，欲求而不能得。工作后，每当吃到一碗热气腾腾的面条，就会浮现过去的画面。这警醒我，不要忘记过去，忘记过去就意味着背叛。二是鳝鱼，只要餐馆有，我是必点无疑。这似乎是为了找寻妈妈的味道。这是我隐藏在心底的永恒记忆！

其实，妈妈的味道是说不清道不明，只可意会不可言传的味道，无论儿女走多远，或是妈妈在世与否，这味道始终镌刻在每个人的心里，永远无法抹掉。母子情深，情深似海。然而，每个人又都是社会的一分子，不可能一辈子长伴父母左右。父母在世时做子女的抽空多尽尽孝心，也许追忆起妈妈的味道时心境会更加坦然。

高阳台 · 难舍家乡

益美益阳，益山益水，宛如你的温柔。

竹海洪山，绿波滚滚全收。

桃花江畔涵灵秀，美人窝，月闭花羞。

好忧伤，本不思别，却也难留。

茶马古道悠悠荡，命运别左右，越过山丘。

浓郁幽香，多少心事都休。

山乡巨变春风沐，劲草知，还数"三周"。

菜花黄，绿叶含情，洞庭吟舟。

【题释】

　　益阳地处南洞庭湖，山水相依，钟灵毓秀，是居家的好地方。2004年5月2日，正值春暖花开时节，举家搬迁至长沙。离别前，倚靠在市委大院山上自家高高的窗台上远眺益美山川，依依不舍。

【注释】

"三周"——特指益阳籍一代文豪周扬、周立波、周谷城。

【赏析】

悠悠家乡情

杨文辉

这首词是德林先生2004年春余夏始之交,从家乡益阳举家搬迁至长沙时所作。全词以抒情为主,把写景和叙事、忆旧和怀人、离别和升迁、时间和空间融汇为一个浑然的艺术整体,是一首情深意切,柔婉优美,感染力极强的怀乡之作。

此词上片连续三句写熟悉的山水,熟悉的美景,熟悉的人文,以及传说中精彩的故事。可以说,家乡的一花一草,一山一水,一事一物,对词人而言似乎无处不是离愁。如此一来化静为动,既增添了别离的黯然气氛,又写出了词人独自倚栏远望时的无限忧思。

酌思词句,眼前的一切,在词人眼里是多么不舍。那朝夕相处的市委大院,如此让人流连;那碧波滚滚的洪山竹海,绿满山岗,波浪不断,如此让人迷恋;那美丽的桃花江畔,春风如醉,绵绵不尽,如此让人留恋;尤其是美人窝的故事,撩人情思,思绪无限,如此让人情意绵绵。这种恋乡的情怀,这种离别时的淡淡忧伤,融化在词人凭栏远眺的思绪里,融化在词人热爱家乡的记忆里,融化在词人离别时自然而然的乡愁里。在由近而远的视线中,词人选取了家乡最能表现美景特征的事物,用非常柔美的笔调进行精细描写,初看似乎是一幅充满诗情画意的山水图画,实则衬托出词人思绪万千的家乡情怀。

然而，面对组织的召唤，词人能奈其何？"好忧伤，本不思别，却也难留。"这一句不仅道出了全词的主旨，而且将情与景恰如其分地交织在一起，伤感而又凝重，无奈而又笃定，不失为全篇之精华。

下片延续了词人怀乡的回忆。在他心里，益阳所辖的每一个县区，都有他为之怀念的地方，都有他为之共鸣的赞歌。

换头"茶马古道悠悠荡"可谓波澜起伏，"悠悠"二字将远古的梅山文化牵引而来，仿佛看到那蜿蜒的青石板在崇山峻岭中延伸，那清脆的马铃似乎由远而近，那清香扑鼻的安化黑茶，承载着千年文明的史诗，在尘封的岁月里慢慢翻开，翻开的是一段又一段沧桑的历史，翻开的是物换星移的悲欢离合，翻开的是文人雅士的赏心乐事，翻开的是以茶换马的国之命运。当然，词人所怀念的也许是"壶里乾坤大，杯中日月长"的另一番心境，也许是刻意引出茶马古道而颂赞安化黑茶的另一种情丝。无论是何种心境与情丝，都掩饰不住词人对家乡的热爱。由景及情，词人在美好的回味中突然转折为"浓郁幽香，多少心事都休"之句，既是写景，更是托情，而且在悠思的空间里托出承上启下的艺术力量。

词的结尾处意脉不断，联想再度一笔宕开，境界进一步扩大。浓墨重彩地写了家乡在党的春风沐浴下，发生的翻天覆地的变化，以及为时代讴歌，为时代歌唱的杰出代表。词的结束语呼应上文，巧用"含情"与"吟舟"，再度衬托家乡的可爱，升温词人的怀乡之情。

赏读全词，深感这首词在写作手法上的成功之处，主要是巧妙地将美景浓缩于笔端，对美景的依依惜别成为词人离愁的化身。这种创意，可谓俗中有雅，平中见奇，隽永有味，最是雅俗共赏的佳作。

※作者系中国作协会员，中国金融作协常务理事，湖南省金融作协副主席。中国作协第十次全国代表大会代表。

鹧鸪天·桃花源里的城市

沅澧幽香若芷兰，柳叶湖水静风恬。
人文荟萃写诗墙，紫河穿城金腰缠。

善德在，传千年，楚辞浪漫尽丝弦。
刘海砍樵经典唱，桃花源里好耕田。

【题释】

　　2006年5月，湖南省委决定我调离常德津市市到省直机关工作。我临行前到常德市委辞行。虽然没能有机会在常德市工作，但开会或公干在常德的时间挺多，为常德日新月异的变化喝彩，也自觉或不自觉地把自己当作常德人而为之自豪。

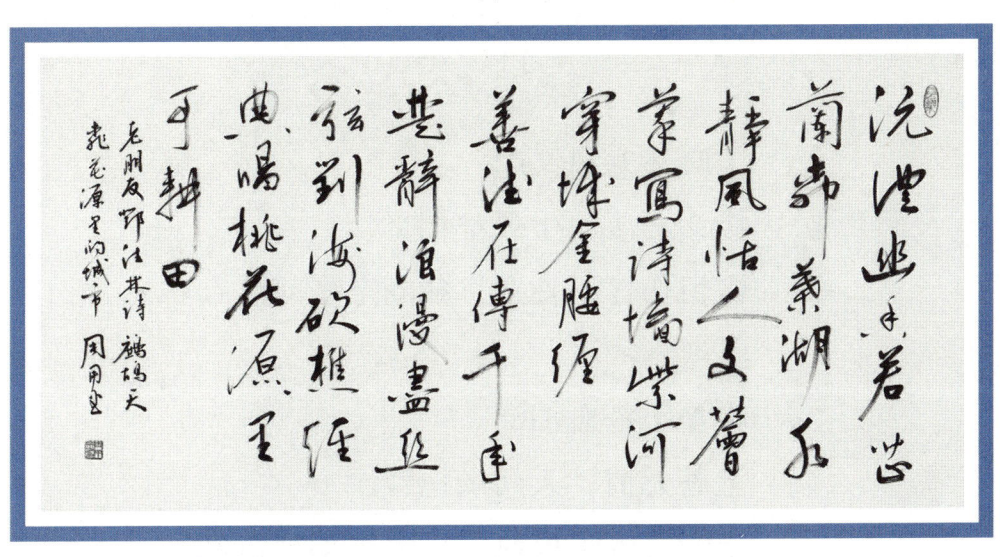

中国书法家协会理事、湖南省文化厅原厅长周用金书

蝶恋花·惊闻汶川噩耗

乍暖还寒风又起。

惨惨凄凄，生死难相觅。

惙怛伤悴不称意，独闷空帐煎熬寂。

大地千疮血泪涕。

上苍无情，人间亲把臂。

友爱万家千里倚，三军出动得奇迹。

【题释】

"5·12"汶川大地震的噩耗传来，牵动着亿万人民的心，我也悲痛不已。人间真情，大爱无疆。有全国人民的援手，特别是人民解放军的支援，一定能挽救更多的生命，夺取抗震救灾的胜利。

【赏析】

心灵的颤动

欧阳吉元

汶川，在四川省阿坝藏族羌族自治州内，从汉武帝设汶山郡开始，迄今已有2200年郡县史，据文献记载，这里是华夏始祖大禹的出生地。然而，这个历史悠久且享有四川省首批天府旅游名县之一的地方，却在2008年5月12日14时28分04秒发生了我国有史以来最大的地震。

地震发生时，我正在书房写剧本，尽管与震源相距1297公里，但仍然感觉到了强大的震波。当我从惶恐中反应过来时，许多网站公布了汶川8级强震的信息。"5·12"这个遭受了巨大灾难的名字，从此深深印在全国人民的心里。

对于这次地震，全国范围内铺天盖地的文章记述了当时的情景。这些文章以散文、诗歌、报告文学居多，我印象最为深刻的是著名作家阿来写的长篇小说《云中记》。后来，不曾再读此类文章，阴影里的地震也似乎与我们越来越远。

时隔13年，当我从德林先生《梦远行舟》诗词集中读到《蝶恋花·惊闻汶川噩耗》的词作时，当时的情景再次像电影镜头一般印入我的视线，我似乎看到，那一瞬间、那一刹那、那一时刻、那段日子，无数人在勇敢中、在坚强中、在呼唤中、在顽强中，拯救起一个又一个苦难的生命，点燃一支又一支希望的火炬；那一幅幅催人泪下的画面，那一张张备受关注的脸庞，那一段段揪心的文字，那一个个充满深情的故事，在我心头萦绕，让人思绪起伏，浮想联翩。

也许，写汶川大地震的词作还有很多，但我读到的唯有德林先生这一首，而且是写得非常好的一首。好就好在记述了地震发生时的时间背景，好就好在寄予了全国人民无比牵挂的心情，好就好在抒写了一方有难与八方支援的人间大爱，好就好在讴歌了党政军民奋起抗震救灾的艰辛过程。词作虽短，字字情深，创意独特，令人心颤。

词的上阕写地震发生时的悲惨景象。开头第一句"乍暖还寒风又起"以简洁的文字，勾勒出灾难来临的紧迫。词句表现了在初春忽冷忽热的季节里，在大地披上一层新绿的美好时刻，却听到了汶川大地震不幸的消息。这消息来得突然，来得急切，来得令人心揪，来得让全国人民无比焦急。词作在发展中，"风"与"起"的巧妙运用，可谓是神来之笔，"风"将消息诠释得无比震撼，"起"将全国人民与作者对地震发生后焦急的心情写得淋漓尽致。

第二句"惨惨凄凄，生死难相觅"。此句叙说地震发生后，汶川数万平方公里的土地顷刻间满目疮痍，景象惨烈，数万群众生死不明，难寻消息。那是何种的悲惨场景，那是何种的悲伤与不幸。此刻，汶川在颤动，全国人民在颤动，作者惨惨凄凄的文字里，何曾不在颤动？一个"难"字，表现了作者十分沉重而又悲伤的心情。

第三句"惙怛伤悴不称意，独闷空帐煎熬寂"。首先，作者重复了悲恸的场面。据记载，这场大地震共造成69227人死亡，374643人受伤，17923人失踪，破坏地区超过10万平方千米，引发近8000次余震，更让人悲悯的是一个坑掩埋了6000多条生命，这是何等悲伤的场景。接着，作者以情景交融的手法，将千万个家庭的凄惨、牵挂、无望、孤苦、寂寞融合在一起，将浓郁的悲剧气氛再度升华，深度叙述了地震带给人们无穷的伤痛。

词的下阕抒写抗震救灾的感人场面。首句"大地千疮血泪涕"，再度以灾情的严重作铺垫，以在血与泪中求得生存作补充。尽管这是生命面对的苦痛，但非常形象地凸显了汶川人民不屈不挠开展自救的伟大精神。

"上苍无情，人间亲把臂。"作者巧妙地化用"亲知把臂"成语，这一句既是全词的主旨，也是画龙点睛之笔。突如其来的天灾，让多少生命定格在那一刻。看到在废墟下哭喊的画面，看到停满一具具幼小生命的现场，看着那些被压与深埋的身体，心针扎般的痛了、碎了。灾区的人民此时是多么的无助，多么的恐惧。他们要忍受失去亲人的痛苦，要忍受恶劣的气候环境，要忍受失去与外界联系的孤独，那是我们的同胞，那是我们受苦受难的同胞。天灾无情，人间有爱。我们都是汶川人，全中国人民都是汶川人，我们得用心靠近他们，用心挺进汶川，我们都为汶川加油！

"友爱万家千里倚，三军联动得奇迹。"这是全词的尾声部分，也是作者心灵颤动后寄予的希望。汶川大地震发生后，国务院总理亲临指挥，三军将士用血肉双手去抢救被埋的人们，全国13亿人民，人人都为汶川伸出援助之手，和灾区人民同建家园，夺取抗震救灾的胜利。

这首词，语言通俗浅易，音韵转换灵活，描述生动形象，令人心灵颤动，是抗震救灾诗词中的佳作。

※作者系中国电影家协会会员、中国电视艺术家协会会员、国家一级编剧。

七律·喜相逢

——献给大学同窗30年聚会

湘大别离三十载，

流光飘逝梦常牵。

改革卷起新潮涌，

真理争锋破壁坚。

为有图强多志远，

敢教诗画镀金篇。

豪情畅饮千盅少，

今日相逢若八仙。

【题释】

2013年8月16日至18日，湘潭大学哲学系七九级哲学班同学聚会在株洲仙庾岭耕食记山庄举行，彭铎福、张世珊、贺伏安三位老师欣然前往。从1983年毕业至今，惜别正好三十年。我们步入社会时，正处于改革开放的年代，历经磨难，奋发图强，在各自的岗位上成家立业，自由翱翔。三十年后同窗聚首，豪情畅饮，谈笑风生，各领风骚。

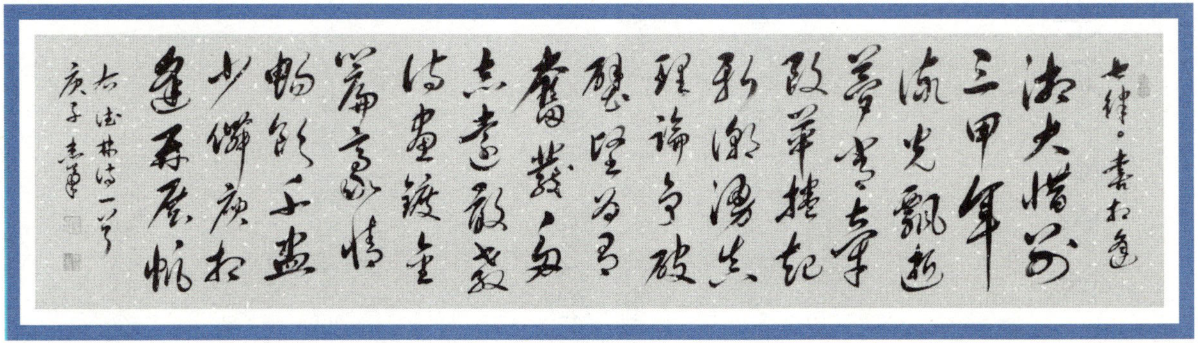

中国书法院一级书法师彭杰菊先生书

采桑子·过年

时光流逝催人老，岁岁团年。
今又团年，故地寻思情了然。

一朝一夕花儿去，不似从前。
胜过从前，驰骋江天双燕还。

【题释】

  2014年1月30日是大年除夕，我们一家三口早早从长沙回到益阳小姨子家和长辈一起团聚。怀着念旧之情，三人同邀去桃花仑老地委大院访游。搬离这座大院已十年，重回故地，一草一木，触景生情，往事仿佛就在眼前。我们在这里毕竟居住了将近二十年（其中我有十年在外地工作），人生又有多少个二十春呢？女儿出生地的那栋楼已拆除，她好伤感呀！游子远航愈久，思念故土之心愈切。

著名作家、画家浮石先生画

烛影摇红·走在乡间小路上

垂柳成荫，故乡小路知多宕。

喳喳喜鹊点头扇，思绪随飘漾。

笑意写留脸上，沁心脾，悠然小唱。

晚风轻爽，相拥未来，心潮暖盎。

【题释】

2016年9月25日是我和妻子结婚30周年纪念日。一路走来，时时浮现初见时在乡间的回忆，感恩有加。手捧鲜花，送首小词，权当珍珠婚礼物。珍珠洁白，爱情纯真。

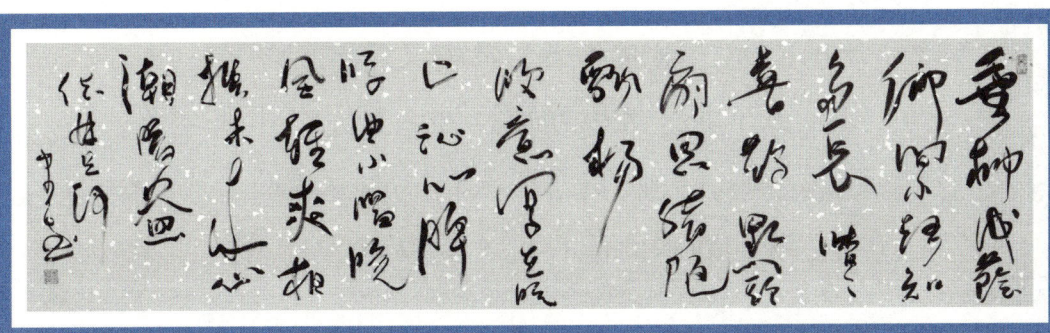

国家开发银行湖南分行原行长袁建良书

沁园春·贺何晓明先生九十大寿

沩山雄龙，银城英谱，翁得头筹。

策乡镇企业，辉煌初现；湘南开发，史册名留。

朝越雪峰，晚临资水，天佑安康完美收。

从心欲，静水而流长，不见停游。

当年月夜同舟，洞庭外，长江万里求。

忆会龙闻训，文韬仰止；星城和韵，诗意难休。

历九十春，千秋往事，人世功德堪比侯。

承知遇，共明光对饮，纵论风流。

【题释】

2017年3月29日（农历丁酉年三月初二）是何晓明同志九十大寿。何晓明同志一生坎坷，青年求学时就参加党的地下活动，解放初在湖南省委机关工作，后自愿去基层来到雪峰山下，"文革"中受迫害，落实政策后任省乡镇企业局副局长，晚年任益阳地委书记，超龄卸任后被聘为省政府顾问，负责湘南农业综合开发。

在益阳工作时，我有缘在晓明同志身边工作过一段时间，结下深深情谊。韩愈《答魏博田仆射书》曰："谬承知遇，欣荷实深。"何老对我们的知遇之恩更是难以言表。

【注释】

①会龙——益阳会龙山。②星城——长沙。

【哲思】

珍　藏

"赤橙黄绿青蓝紫，谁持彩练当空舞?"贺晓明同志九十大寿，再次捧起他的《人生》，掩卷沉思，浮想联翩，脑际中不禁升腾起毛泽东的这一瑰奇诗句，眼前仿佛飘旋着道道飞虹，七彩缤纷，绚丽多姿……

我一贯认为文字是有生命的，玩味文字就是品味生命。品味生命文字，文字的外在属性已经不那么重要了，重要的是文字的内在品质。何老的人生是多彩的。"问渠哪得清如许，为有源头活水来"，多彩的内容和多彩的文笔来自多彩的人生、多彩的生活和多彩的心灵。

我与晓明同志结缘于1985年春。那时，我大学毕业不到两年，刚从一个县下的区乡调到地委机关，没过几天，组织上就把我派到了晓明同志的身边。

在晓明同志身边工作只有一年半载，但他的为人为官，深深影响着我。"胸怀大局，务实创新""为民要善，治吏要严""清正廉明，乐于奉献""忍辱负重，勇往向前"等，不仅是我学习的收获，更成为我从政的行为准则。世上没有永恒的权利，只有至上的人格。晓明同志的人格魅力，将使我受益终生。

怀念那段美好的时光。一块讨论参与起草报告，处理来信来访，一起散步、看电影，一同下基层检查、调研。不管到哪儿，工作餐过后，晓明同志从来都是主动交伙食费。优良传统需要我们一代代传承下去。

时代颂歌

笑看杜鹃花似锦

西江月·抗击非典

南北人群汹动，神州百姓慌闷。

沙士肆虐滚乌云，怎奈华佗少盾。

布下天罗地网，密织街社乡村。

小汤山上党旗尊，敢教瘟神消遁。

【题释】

2003年春节过后，SARS（重症急性呼吸综合征）病毒像洪水猛兽席卷华夏大地，粤港告急，京城危急，全国困急。病毒传播快速，死亡率极高。党中央英明领导，打一场没有硝烟的人民战争。随着北京小汤山医院攻坚战的完美收官，阻击非典的防疫战彻底胜利。群防群守，可歌可泣！抗击非典的时光里，我常常夜不能寐，为一方百姓祈福！

西江月·抗击新冠病毒

武汉三镇哭泣，大江南北遭敌。

新冠瘟疫卷天席，万众联防抗抵。

人际温情传颂，逆行无惧相依。

火雷神山鼓声笛，牛鬼蛇神绝迹。

【题释】

2020年春节，正值万家灯火、欢度春节之际，一场新型冠状病毒肺炎席卷武汉，随着过年返乡的人流悄然波及全国。中央迅速部署，领导全国人民打一场抗击疫情的人民战争。同时，调集资源在武汉火速建设火神山医院和雷神山医院，集中全国优势医疗资源支援武汉收治重症。人间真情，大爱无疆！人民战争，人民必胜！

鹧鸪天 · 抗冰灾

西北寒风掠岭南，江河封冻数九天。
百年古树拦腰断，轱辘空茫千里绵。

斗天地，不觉艰，党员战士勇当先。
军民牵手情心暖，战场无烟仍悍坚。

【题释】

2008年元旦刚过几天，一场持续一个月的低温雨雪冰冻天气袭击了秦岭以南十九个省区市，其影响范围之广、所造成的灾害之重为历史罕见。时值春运高峰，南北交通大动脉京珠高速湖广段积压大批车辆长达十几天，车站码头成批旅客滞留。几十万子弟兵和武警战士，数十万地方警力，十八万电力抢修工人，成千上万名干部群众紧急行动起来。投入人员之众、物资之多，为1998年抗洪救灾以来所仅见。

从南方冰灾审视应急能力建设

2008年1月中旬至2月初，我国南方出现的50年一遇的特大冰灾虽然已经过去，但人们仍心有余悸。这次灾害警示我们：面对多变的自然灾害和突发社会事件，重新审视并完善应急能力建设刻不容缓。

一、要有超前的预警能力

预警是指已经或将要形成某种严重事件时，通过快速传播系统，利用决策判定系统预先警告，采取必要措施以预防灾难的发生与蔓延，做到防患于未然。美国沿海飓风不断，但所受损失几乎降到了最低，恢复得也很快，这与其完善的灾害预警系统不无关系。与此相比，我国这次冰灾来临之前虽有一定的气象分析，但相关部门都没有估计到灾害的严重程度，使抗灾救灾工作相对滞后；也没有提前应急预告，以引起人们足够的认识和重视。这映衬出我国灾害预警能力建设的薄弱。

二、要有匹配的物资保障

这次冰灾突如其来，我国大多数地方大型抗冰除冰机械准备不足，主要靠人工抗灾，效率低下。为了供电畅通，电力工人攀铁塔电杆敲冰除冰；为了道路畅通，调集军队、民兵手持铁锹破冰除冰。这些最原始的方法虽也管用，但付出是巨大的，甚至是生命的代价。部分地方因交通、电力中断，生活物资供应不上，出现牲畜冻死饿死，群众"有谷无米"的现象。改革开放以来，我国的经济发展、物资丰裕是有目共睹的，但应对应急保障的公共储备明显不足。"兵马未到，粮草先行"，这是战争胜利的基础条件。应急物资变化多样，单靠政府储备显然不够，要建立政府储备、社会代储、民间征用相结合，体系完善的储备机制。

三、要有统一的指挥调度

这次冰灾发生在春节前夕，有些领导因冰雪阻隔异地到岗到位不及时，冰灾加重时仓促出击，各部门配合不够默契，应急链条缺乏联动反应。如何明确细化相关部门的职责，如何调动各种力量合力抗灾，如何疏散分流滞留在机场、车站、路上的人员，如何调剂分配水、电、通信的供应，如何保障救灾物资和鲜活农副产品的流通和运输，如何保障煤炭、柴油、液化气能源的供给，如何保障应急链条的联动等，进一步增强应急预案可操作性，减少盲目性，发挥应急指挥系统的核心作用，健全抗灾救灾应急机制，都给我们带来了新的考验。

四、要有广泛的群众基础

有了群众的理解和支持，没有办不好的事。这次抗灾之所以能够成功化解，与发动群众、组织群众积极主动地投入抗灾中去不无关系。群众的力量是无穷的。联系群众、发动群众、组织群众是应急能力建设不可缺少的内容。广泛发动全社会力量参与，组织群众积极开展抗灾救灾和生产自救，发挥群众的主力军作用，既可以最大限度地减少灾害损失，又能降低抗灾救灾成本。

五、要有智慧的思维方式

有的部门为了安全起见，一味求稳，采取被动应付式策略，一开始当道路积雪，便封闭高速公路、停开公交车。哪知一封，路上的积雪就越积越厚，冰就越冻越坚，交通肯定瘫痪。大禹治水，其意在"疏"，其实都是一个道理。京珠高速湖南段堵塞数小时后，及时赶往的高层领导指示分流，立见成效，是"疏"的成功范例。一"封"一"疏"，处理问题的思维方式不同，效果就大不一样。智慧的思维大脑要靠宽广的视野和丰富的实践积累。因此，注重从基层和生产一线选拔优秀干部充实各级领导机关，是加强应急能力建设的必然选择。

点绛唇·航天英雄

一箭冲霄，无眠昼夜仍欣佩。

遨游星际，随意描经纬。

胜利凯旋，英武真情泪，花前醉。

爽风称意，从此飞天起。

【题释】

　　2008年11月6日，中央党校中青二班一支部学员参观北京航天城，杨利伟接待我们并亲自讲解。2003年10月15日，杨利伟作为"中华飞天第一人"乘坐神舟五号载人飞船飞入太空，这一非凡壮举是我国航天史上具有重大意义的里程碑。英雄为人谦和，大将风范。为飞天骄子杨利伟点赞！

梦幻中的欢呼

廖静仁

时光如白驹过隙，当我读到德林先生这首点赞航天英雄杨利伟的词作时，十八年前的那个金色之秋，又梦幻般地回到眼前。

曾几何时，我们只在神话中听过嫦娥奔月的故事，哪曾想过，随着那一团发射的火焰，我国首次载人飞船已翱翔于幽深的天空。那一刻，我身边的城市沸腾了；那一刻，十三亿中国人发出了前所未有的欢呼声；那一刻，杨利伟这个名字响彻了大江南北；那一刻，中国实现航天梦已让全世界瞩目。

这是伟大的壮举，这是中华民族屹立世界东方的象征，我们理应撰诗作词予以赞之。

尽管德林先生这首点赞的词作有些姗姗来迟，是他五年后上中央党校中青班见到英雄本人后所作，但发自内心，写得真切。赏读全文，词虽短小，但写得纡回曲折，含蓄婉转，且有不尽之意。

上阕写火箭发射时的情景，写航天员为实现航天梦而不辞辛劳的无畏精神，以及遨游太空所收获的精彩。词作在发展中，其"一箭冲霄"叙说虽短，但张力无穷。词人将几代航天人探索太空的千辛万苦，将新中国成立以来全国人民的建设与创造、卓越与追求、光荣与梦想、繁荣与复兴，通过所有人对火箭升空时的关注、祝贺、期待，将精彩场面与历史事实抒写得淋漓尽致，将无尽的想象在一片欢呼声中舒展开来，以此激发读者对祖国的热爱，对航天事业的极大支持，对航天员无比的敬仰。

曾几何时，面对美丽而又神秘的宇宙，人们只能望洋兴叹。

点点的繁星好似颗颗明珠，镶嵌在天幕之下，闪闪地发着光，那蓝幽幽的夜空中，突然又划出一道弧光，是流星，还是织女纺纱时抛出的棉线？然而，在词人心里早已明了，那是我们国家的飞船，那是我们的航天英雄杨利伟。为了国家与民族的未来，他在神秘的宇宙中探寻，不分昼夜地迎来晨曦送走星星。那些日子，太阳、月亮、星星、地球都是他的伙伴，尽管身心疲惫，眼睛憔悴，但为了完成国家赋予的神圣使命，他与太空战斗，他与生命战斗，他唯一的目的只有一个，代表国家探寻宇宙与世界最美好的未来。

下阕以英雄凯旋入笔，将迎接英雄的场面尽情渲染，再度点明此词的主旨，并将词人敬仰英雄的情怀推向一个新的高度。面对国家领导人亲自迎接，面对处处鲜花拥簇，英雄并没有因此而沾沾自喜，没有因此而狂妄自大，心里始终藏着国家赋予的责任与使命，表现出来的始终是军人威武的气质与形象，每当与人诉说航天的故事，英雄风采华茂的气概无不让人荡气回肠。尤其是词人近距离与英雄接触时，英雄的谦和，英雄的大将风范，让词人心都醉了。这醉啊，不仅醉了词人，醉了英雄，就连那洒向宇宙的缕缕月光，那一束束迎接英雄出舱的鲜花，无不沉浸在无边的醉意里。

词到此处虽然快近尾声，但词人的心，依然紧紧融合在英雄亲自叙说的情景里，那飞天的梦想，那遨游天际创造的神话，已在词人的心里拂之不去，剪之不断。

"从此飞天起"的结语，寄托了词人对强大祖国蒸蒸日上的美好期待，同时也寄予了词人对英雄深深的祝福。

※作者系国家一级作家，著名散文家，湖南省劳动模范、全国五一劳动奖章获得者。

小重山·杂交水稻之父

鹤立鸡群常理颠，超级杂交稻，亩逾千。

万重跌浪喜绵延，金灿灿，硕果写良田。

又把梦来圆，乘凉禾下爽，再登攀。

国人饭碗要牢端，无饥馑，命祜重担肩。

【题释】

2010年9月5日是袁隆平院士80大寿。多年从事农业农村工作的我怀着崇敬的心情又一次拜访老爷子，聆听他"禾下好乘凉，谷穗成苞米"超级稻和"杂交稻覆盖全球"的梦想，切身感受老人家的爱国情怀和大国担当精神。

点绛唇·长空雄鹰

冲向蓝天，空中巨霸腾云展。

身形骄战，昼夜勤操练。

托起空疆，我有杀手锏，敌莫犯。

英雄虎胆，潇洒出飞箭。

【题释】

　　2011年7月1日党日活动，参观空军某基地，观看演练，切身感受人民空军的强大和飞行员的威武豪迈。

西江月·矮寨特大桥

脚下叠峦幽谷，神车云上穿行。

盘旋矮寨万山重，飞艇牵桥弄影。

天堑已成天路，德夯一举成名。

金佛山顶彩旗拥，苗土仙姑梦醒。

【题释】

　　矮寨特大悬索桥，位于湖南湘西矮寨镇境内，跨越矮寨大峡谷，主跨居世界第三、亚洲第一。2012年3月底，创4项世界第一的湖南矮寨特大悬索桥正式通车，打通了湖南西部大通道。在试通行期间，我有幸在大桥上壮胆行走，目睹天下奇观，惊叹这一伟大工程！衷心祝福湘西人民！

【注释】

　　①矮寨——地名，湘西吉首市境内。②德夯——德夯苗寨，意为美丽的峡谷，湘西吉首市境内著名风景区。③金佛山——山名，位于湘西吉首市德夯风景区。

菩萨蛮·夜登小蛮腰

春风满眼吹南国，广京高铁穿南北。
五彩绽珠江，蛮腰入月疆。

羊城何处述？夜幕游人织。
墨客百家骚，试观天比高。

【题释】

　　广州塔又称广州新电视塔，昵称"小蛮腰"，是中国第一高塔，世界第三高塔，获评"羊城新八景"之首"塔耀新城"。2014年4月22日，朋友一起夜登小蛮腰塔顶，坐上摩天轮，俯视珠江，远眺美景，海阔天空，赞叹我国改革开放三十多年来的巨大成就和人民生活的显著变化。坚信新一代领导人一定能坚持改革开放正确方向，敢于啃硬骨头，不断开拓前进，经济发展和社会事业节节攀高，带领全国人民实现中华民族伟大复兴的中国梦。

心的节拍就是时代的节拍

袁春雨

　　读德林先生这首词，首先让我想到的是"东方风来满眼春"那篇重启中国改革开放的文章。广州塔——小蛮腰，我国第一高塔，世界第三高塔，正是这个时代的标志性建筑。

　　德林先生这首词，高出一筹的是，全篇紧紧扣住一个"登"字。这既是作者本人积极向上的写照，更是踏准了时代的脉搏。在"登"字里放飞无尽的思绪，表达了一种进取之心，这种进取之心，展开的就是一幅改革开放壮美的画卷。这既是诗，也是画，更是时代的颂歌。

　　"春风满眼吹粤城，广京高铁穿南北。"词一开头就写出站在这座高塔眺望时的繁荣景象。视线从广州塔这个点，将读者带到了改革的前沿城市这个面，又将与时俱进的变化，扩展到南北，遍及全中国。作者激扬文字，心胸广大，豪情满怀，心与日新月异的时代跳在一起。尤其是"穿"字的运用，可谓穿在美景中，穿在心窝里，有浓厚的个人情怀和时代色彩。作者驰骋笔墨，写出这样广阔的大背景之后，又回笔写了眼中的景象。既写了五彩斑斓的城市夜色，又写了能工巧匠的智慧与开拓，可谓情真意切，入细入理，生动感人。

　　"羊城何处述？夜幕游人织。"美丽的羊城，开放的羊城，发展的羊城，面对如此美景，面对游人如织的热情，还有什么比这更令人心情舒畅的吗？羊城自秦汉至明清，一直是我国对外贸易的重要港口城市，但历史尘封的那一页，已经早已翻过，生机勃发的今天就在眼前。

"墨客百家骚"，这一句不仅把词题中的"小蛮腰"写足了，也透露了这个美好时代的变迁。夜幕中如诗如画的城市，霓虹灯下一派祥和的羊城，不仅是作者为之向往的地方，更是普天之下文人墨客的颂赞之地。

"试观天比高"，这是全词的高潮。无论是远近的繁华，还是眼前最美的景象，无不浓缩在新时代铿锵的足音里，无不舒展人们对美好生活的向往。

《庄子·天下篇》说:《诗》以道志，《书》以道事，《礼》以道行，《乐》以道和，《易》以道阴阳，《春秋》以道名分。可见，心中无志，无以言诗词。反复读德林先生这首词，能感受作者的志向，这就是对所描写的景象心神向往。不登一次"小蛮腰"，真感觉从未来过一次广州城。作品的意境，让人回味无穷。

从事领导工作的德林先生，棋高一筹抓住眼前的实景进行渲染，这无疑给新时代添上了一笔芳香四溢的春色。这一笔，既留在作者心里，也留在读者心里，更留在这个美好而又强盛的时代里。

※作者系中国电视家协会会员，著名影视制作人，作家，剧作家。大唐辉煌传媒有限公司总经理。

采桑子·印象西湖农场

柳林咀上人潮涌，昔日洲滩。
当代桑田，梅山移民写续篇。

果蔬花海齐争艳，美若天仙。
再谱新篇，西湖耕织桃花源。

【题释】

常德西湖管理区（西湖农场）原是沅水与澧水之间的一片荒洲，修建柘溪水库时，同为梅山文化之源的新化和安化两县移民陆续迁入。处于常德西湖管理区东北位的柳林咀码头是澧水流域的一个普通客运港口，是我儿时走亲戚常去的地方。2016年5月30日，龚霞波书记提议陪我去走一走。四十多年了，寻梦儿时的记忆，再看看今天西湖农场的变化，内心为西湖农场的创业者点赞！

【和词】

采桑子·和德林先生

柳林古渡移民续，渔歌相迎。

扎寨安营，芦荡春萌闻鹤鸣。

农耕公园人潮动，满目丰盈。

四面高朋，杭州西湖移洞庭。

【题释】

作者龚霞波，时任常德西湖管理区党委书记。

八声甘州·十八洞村

望千重青翠见云端，袅袅淡烟愁。

隐十八洞寨，田园居俭，几户能留？

种下红苕苞米，贫阙物难收。

山涧清泉水，尽付东流。

伟人临高瞩远，切民间疾苦，夙夜不休。

道扶贫精准，功业传千秋。

旺产业，筑巢引凤，上热搜，坦笑亦无忧。

新篇翰，扬帆再展，梦远行舟。

【题释】

2013年11月3日，习近平总书记来到湖南湘西花垣县十八洞村考察，首次提出"精准扶贫"理念，成为脱贫攻坚实践的行动指南。2015年10月28日，事隔近两年，我来到十八洞村调研金融扶贫，看到精准扶贫、精准脱贫的显著成效，切身感受到十八洞精神的无穷魅力。

乾坤万里眼　时序百年心

吉美研

　　这首词创作于2015年10月底，此时距离习近平总书记考察十八洞村并提出"精准扶贫"刚刚过去两年，作者见证了精准扶贫、精准脱贫所带来的山乡巨变，抚今追昔，展望未来，心潮澎湃，情不能已，形诸笔端。作品在过去、现在、未来三个时间节点上自然转换，将时间与空间、现实与理想、写景与抒情熔铸于一炉，以饱含深情的笔触书写了历史，讴歌了时代。

　　上阕写的是十八洞村的过去。第一句从一个非常日常的镜头切入，这是一个站在十八洞村高处的守望者和凝望者的形象，一个"望"字统领整个上阕。透过他的视线，镜头缓缓地展开、推远，这是一幅十八洞村的全景图：那一望无际的青葱险峻的山重重叠叠，我们仿佛看到了山坡上那一层层的梯田，田间劳作的农人；然后，我们的视线聚焦于村寨、田地间升起的袅袅耕烟。

　　上阕的第一句就以高度概括而又形象的笔墨从总体上勾勒了十八洞村的自然人文景观：它的自然地景地貌、生产生活方式。在极度凝练概括的语言中，我们的视线从俯瞰式的水平展开转换为由下而上地慢慢升起，由全局式地总体统摄转换为局部的细致体察；其意象也由自然转为人事，由静变为动。作者在这里是以一种悠闲情调做乡村风景画的描摹吗？并非如此，"愁"字暗含着的无奈和无望，更是直接点明了凝望者的心绪，奠定了整个上阕情感基调。

　　理解整个上阕的关键在于弄清楚"望"这个视点是属于谁的？我们要问这个凝望者是谁呢？他显然不是十八洞村的观光客。十八洞的自然风光虽美，但在精准扶贫之前，由于交通闭塞，它的风光是不被外人所知的；更何况第一句所表现出来的情感基调并不属于走马观花、无所用心的观光者。这句中透露出来的无奈、无望和忧愁何尝不是身在其中的十八洞村老百姓被群山所制约、受落后的生产方式所困的真实心境的写照呢？作者的高明之处在于并不直接写他们的心理，而是将这种心理以更具画面感的方式呈现出来，更含蓄深沉，更耐人寻味。

凝望者的视点也是一个虚拟的视点，它既属于过去十八洞村的百姓，也属于作者。作者追望过去，深刻体察十八洞村老百姓的内心，与他们感同身受，"忧患着人民的忧患"，更具体地追溯了在精准扶贫之前当地百姓的生存状况。在这里同样颇见剪裁功夫，作者以精简的笔墨刻画三个典型场景，营造三幅图画：分别是隐居图、耕种图、山涧图。而这三幅图和全篇第一句一样，表面是写景和叙事，实际却表达了对过去十八洞村受制于自然人文环境及落后的生产方式所导致的贫困苦难生存方式的深切同情和忧虑。归隐图表面上写的是陶渊明式的归隐田园，实际上表达的是与现代生活方式隔绝的贫困无助；耕种图写的是受自然环境所制约的落后的生产方式；山涧图中的"山涧清泉"意象既是十八洞村优美自然景观的画面感的呈现，也是一个具有多重意涵的隐喻：第一重隐喻是指十八洞村的没有受世俗污染的自然人文之美质就像山涧清泉一样；第二重隐喻是指祖祖辈辈与贫穷所做的艰苦斗争都无法改变现状，一切努力都"尽付东流"；第三重隐喻是指十八洞村自身的绿水青山就是金山银山，但是由于思维和观念的落后，其丰富的资源无法得到有效的开发。"山涧清泉"一句收束上阕，但余思不断，忧愁待解，顺理成章地引出下阕。

同样是登高望远的形象，但相对于上阕的日常场景，下阕一开头整个语势和意境一下子变得阔大起来。作者勾勒了一位伟人的形象：他关心人民疾苦，忧百姓之所忧，极力想要改变十八洞村贫穷落后的现状；他高瞻远瞩谋划精准扶贫的方略，全面消除贫困，带领人民走向共同富裕。如果说上阕中的视点处于一个更朴素和日常的场景中，那么下阕的视点则超出了这个限制性的场景，而体现了一种超越性眼界，古人所谓"乾坤万里眼，时序百年心"指的就是这种透视历史的眼力。下阕前几句写的是习近平总书记考察十八洞村的历史性时刻所做的历史性的决定，这个时刻构成中国历史的一个重大节点，所以"临高瞩远"的视点也具有一种真正总揽全局的超越性。

当然，下阕这个视点也不可以和上阕那个视点完全割裂开来。我们不能简单地说上阕的视点完全就属于十八洞村村民的，他们看到的只是他们无力改变的闭塞环境、贫瘠土地和贫困处境。我们可以把第一阕中的那个虚拟视点理解为习近平总书记考察十八洞村的一个真实写照：他热切地想方设法了解十八洞村的历史与现状，关心百姓的生存处境，并设身处地地以当地百姓的心为心，以他们的视点来理解他们的处境。上阕中的"愁"正是习近平总书记来到这个偏远山村，与人民在一起，与十八洞村百姓心连心的真实心绪的写照。所以，上阕的"望"的视点中包含着的忧愁不能仅仅解读为无法改变现状的无奈，更应解读为与民共患、与民同忧的深情。这种"切民间疾苦，夙夜不休"情怀，与"临高瞩远"眼界统一在一起，下阕的视点也从上阕的视点延续和转换而来，构成了一条从回望过去到瞻望未来的内在脉络。

视点的延续与转换也带来了情感基调的变化，上阕的总体基调是"愁"，下阕则转换为坦笑无忧。这种快乐不是小我的快乐，而是与民同乐，是作者在习近平总书记考察十八洞村两年后到十八洞村调研金融扶贫看到精准扶贫、精准脱贫的显著成效，看到十八洞村贫困面貌的改变，看到十八洞村村民安居乐业的场景，看到十八洞村精准扶贫的示范效应而发自内心的快乐和欣慰。从而激发起更宏远的瞻望未来，扬帆再发的豪情。习近平总书记指出："文艺工作者要想有所成就，就必须自觉与人民同呼吸、共命运、心连心，忧患人民的忧患，做人民的孺子牛。"整首词的视点及情感基调的变化都折射了这种"自觉与人民同呼吸、共命运、心连心"的精神。

这种情感的脉络、意义的脉络的转换与整首词语言节奏变化之间构成了形式与内容的高度统一。整首词的语速、语调、语势也由上阕的舒缓深沉变为下阕的慷慨豪迈。上阕写的是十八洞村的过去，是静态的封闭的环境，是缺少变化的处境，与此相对应，上阕的节奏总体是缓慢的，语气也是相对深沉的。下阕写的是现在和未来，写的是轰轰烈烈的精准扶贫事业地展开，与之相对应，下阕对仗性的语言的运用增添了气势；特别是"旺产业，筑巢引凤，上热搜，坦笑亦无忧"，动词性短语的排列更加强了语言的节奏感。最后一行"新篇翰，扬帆再展，梦远行舟"宕开一笔，由现实转入梦想，在展望未来的踌躇满志中保留了前面的基本语速，直到"梦远行舟"这里意境开始变得稍稍空灵，语速也逐渐慢下来。以一幅扬帆再发图收束全篇，留下无尽遐想。

整首词以凝练和浓缩的笔墨，通过典型性的场景和生动鲜明的意象，书写了精准扶贫下一个中国村庄的过去现在，展望着十八洞村乃至整个中国繁荣富强的未来；作品抓住关键的历史节点定格了一位高瞻远瞩，与人民心连心的伟人形象；作品以词写史，以小见大，通过十八洞村这一典型个案，写出了中国精准扶贫、乡村振兴的波澜壮阔的历史。

整首词语言自然，情感真切，意境深远；作品将视点转换、时空转换、情感转换、意蕴转换、节奏转换相互协调，做到了形式与内容的高度统一。

【赏析】

改天换地怀党恩

林 铁

　　这首词是作者在2015年10月28日来到湘西十八洞村调研金融扶贫期间根据自身所看和所感而作，其中的叙事跨越了习近平总书记到湘西考察之前与之后数年间十八洞村的发展状况。作者以严谨的"八声甘州"格律为读者呈现出湘西十八洞村在精准扶贫政策下所发生的翻天覆地的变化，并由衷地赞颂伟大的中国共产党为改善山区人民生活所发挥的领导作用，体现了作者对党和国家脱贫政策的赞美之情。

　　在这首词的上阕部分，作者以景抒情，描绘出了十八洞村自然境况与生活之艰辛。开篇首句写十八洞村所处的地理环境，群山不绝，无望边际，其中"重"与"翠"二者相互映衬，颇具意味，进一步渲染出湘西山川绵延的地理特征，使读者在开篇便意识到在此地生存所面临的困难之大。"袅袅淡烟愁"则显示出在这崇山峻岭之中仍然有村民不辞劳苦地耕作，而"愁"字则起到点睛之笔的作用，以拟人的手法勾画出此地人们生活的艰辛场景。

　　接下来，作者便以直接叙事的方法将十八洞村艰苦的生活境况呈现出来。田园、村舍简陋，人员外流，甚至连辛勤耕作也无法获得上天的公平的眷顾，而悲愤之处莫过于即使再努力的劳作贫瘠的土地也无法给予丰厚的回报，先天自然禀赋的匮乏注定此地的生存条件的艰辛与无奈。其中，"俭"和"留"不但反映了词人对十八洞村生活状况的直观感受，而且在心理层面凸显了此地自然境况给人的无助与悲观。尽管如此，作者仍然在最后一句"山涧清泉水，尽付东流"之中埋下了转折的伏笔，虽然山涧中清澈的泉水徒然流失，却只待一个能够改善的契机。如此，便为引出下文的精准扶贫做好了叙事伏笔与情感铺陈。

下阕作者由景入情，直抒胸臆，并且关联到了叙事背景。2013年，习近平总书记到湘西十八洞村考察，提出了精准扶贫，湘西十八洞村的命运也由此改变。这也正是词人试图在这首词的下阕所呈现出的要旨，习近平总书记高瞻远瞩，对症下药，提出了精准扶贫为湘西十八洞村找到了脱贫致富的关键路径。"切"字的使用生动含蓄，颇为巧妙，不仅揭示出精准扶贫政策的重要性，还与其后的"夙夜不休"相呼应，生动而形象地反映了国家领导人对山区人民脱贫致富的关心与重视。

紧接着，第二句以直白的语言说明了这首词的创作意图及其缘由。时隔两年，作者再次来到十八洞村调研精准扶贫，旋即被眼前之景所震撼，亲身实地感受到了精准扶贫、脱贫攻坚的显著成效，由此深受触动，发出了"道扶贫精准，功业传千秋"的感慨。作者到此仍意犹未尽，以简练而生动的语言描绘出十八洞村在精准扶贫政策下所发生的翻天覆地的变化，赞颂了党带领山村百姓脱贫致富的伟大历史功绩。最后一句，"扬帆再展""梦远行舟"通俗易懂，直抒胸臆，体现了词人对十八洞村未来的美好憧憬与坚定信心。

古人曾说"乐天之诗，情致曲尽，入人肝脾，随物赋形"，意思就是以曲折婉转的格律，平易浅近的语言将现实中的某些重要的事件形象而生动地传达出来，即景寓情，托物言志。正如此作语言生动，音韵流转，融写景、抒情、叙事、议论于一体，颇具感染力，做到了雅俗共赏，是一篇少有的佳作。

※作者系湖南财政经济学院人文与艺术学院副院长、文艺学博士。

七律·到韶山

追思伟迹忆当年，
苦难中华屡受煎。
星火燎原播信仰，
群英热血谱新篇。
旌旗漫卷长风舞，
跃马征程再响鞭。
笑看杜鹃花似锦，
苍茫大地喜空前。

【题释】

2019年4月10日，省委党校89期厅干班到韶山现场教学，开展党性教育。记不清多少次到过韶山了，每次都有收获。今年正逢新中国成立70周年，赋诗一首，以示纪念先辈，歌颂祖国母亲！

永远的追思

杨文辉

这首情景交融的抒情诗，是邓德林先生2019年春天在韶山参加党性教育时所作。我是第三次到韶山后，今年春天有幸在先生《诗词百首》中读到的，可谓心灵相犀，情随诗动，越读越有味道，越读感慨越深。韶山既是伟人毛泽东的故里，更是中国革命的圣地。这里不仅留下了革命烈士的足迹，而且留下了许多追忆伟人不朽的诗篇。先生多次前往韶山，以他对中国革命的了解，对这里曾经发生的一切无不产生共鸣。先生深藏灵魂深处的追思，寄托了他对先烈、对国家、对民族、对圣地无限的情怀。

"追思伟迹忆当年，苦难中华屡受煎。"诗人一开始就抒发了自己非常直观的感受。从伟人故里入笔，循着伟人当年走出韶山的步履与足迹，千疮百孔，风雨飘摇，饱受欺凌的中华大地跃然于眼前。将伟人走出韶山，寻求真理的赤子情怀融入波澜壮阔的中国革命。仔细品读诗句，"追思伟迹"与"苦难中华"构成相辅相成的内在逻辑，而又用"忆当年"与"屡受煎"紧密联系，既显示伟人的胸襟，更是诗人抒发情感的特异之处。

接着，一句"星火燎原播信仰，群英热血谱新篇"。诗人以比喻手法突出表现理想信念传播的艰难、坚定与希望，尤其在"星火燎原"的用句上，充分展示了诗人博学多才，用心良苦。这个成语的原意最早出现于《尚书·盘庚上》"若火之燎于原，不可向迩"。然而，1930年1月5日，毛泽东在针对右倾悲观思想写的一封复信中，引用典故，写下了"星星之火，可以燎原"的诗句，深度阐述了"工农武装割据"的思想，同时标志着毛泽东关于"以农村包围城市，最后夺取全国胜利"的革命理论的基本形成。然而，要实现中国革命的伟大胜利，不仅仅是一句空谈，需要坚定的理想信念，需要一批又一批前赴后继的能人志士，于是诗人用"群英热血"四个字作了最好的回答。这样，既以不屈不挠的革命意志升华了伟人的思想，又进一步阐述了中国革命的艰难，以及胸怀大局、不怕牺牲、勇往直前的乐观主义精神。

然后，诗人又用非常形象的手法正面描写中国革命的征程。"旌旗漫卷长风舞"这是一幅跃然眼前的抗敌画卷，短短七个字，将中国革命的历程高度概括，无不让人联想到从南湖红船上的中共一大，从秋收起义到井冈山会师，再到红色摇篮瑞金，并从"长风舞"联想到伟大的长征，抗日战争的硝烟烽火，以及百万雄师横渡长江的壮阔景象，同时渲染了在党指挥下的一支劲旅，在卷尘挟风中，以英雄的气概，如一柄利剑，直指敌营，夺取胜利。这就把读者的心弦与作者本身的用意紧紧相连，让人在惊心动魄的战争画面中勾起回忆，从而缅怀对先烈无限的追思。随之，诗人笔锋一转，以"跃马征程再响鞭"描写建设新中国的另一番景象，尤其是"再响鞭"的运用，饱含了强劲的思想深度与无限的革命情操，这是中国革命的又一个征程岁月，这是伟人展示的又一条广阔之路。在创作中，上句与下句运用了鲜明的对比手法，意境与情节的发展既快又让人出乎意料，但完全合乎情理，完全合乎中国革命的特点，而且通过下句的描述，进一步衬托了革命胜利并非偶然，而是多么艰辛，多么出色，多么壮丽的对决。

最后，诗人以"笑看杜鹃花似锦，苍茫大地喜空前"作为结尾，可谓浪漫而又奇特。首先以鲜花盛开、广阔的天空创造了一个不同历史时期的繁荣景象，句式看似平常，但思想高度油然而生，对伟人与先烈的敬慕之情溢于言表。其次，在再次回想中国革命的艰难曲折之路时，巧妙运用了"庄周化蝶、杜鹃滴血"两个典故，同时把韶山优越的历史地位渗透其中，将伟人受到亿万人民敬仰的场面尽情烘染，将如今美好幸福的生活与开篇形成鲜明的对比，无不耐人寻味。

全诗用句像流水泻淌，诗中用典融化自然，整首诗的结构采用抒情—描写—抒情的方式，依感情的自然流淌结撰成篇，所以像行云流水般舒卷自如，表现出诗人率真自然的感情，尤为重要的是寄予了诗人对伟人及伟人故里永远的追思。

※作者系中国作协会员，中国金融作协常务理事，湖南省金融作协副主席。

疏影·网红长沙

春芽吐叶，好景常叙记，又翻一页。
帛画方罍，访胜寻幽，满袖盈芳燕雀。
炭河千古情悠远，入书院，性灵陶冶。
铜官窑，烟缕图存，还景盛唐年月。

多少长沙记忆，太平街旧事，浮影飞掠。
火辣喧嚣，活力飘遥，梦幻人生不夜。
黑白经典绝天下，饕餮宴，傲然一切。
璀璨星，华彩惊天，山水洲城和悦！

【题释】

2020年春天，在党中央的英明领导下，抗击新冠肺炎疫情初战告捷，援鄂医疗队凯旋，各地复工复产，生活井然有序，历史翻开了新的一页。春意盎然，暖意浓浓，网红长沙又开始恢复往日的喧哗。

【注释】

①帛画方罍——指国宝帛画、皿方罍，为湖南博物馆镇馆之宝。②炭河——指炭河古城，位于长沙宁乡，因出土国之重器四羊方尊闻名于世，被誉为中国礼乐历史文化中心。③书院——这里指千年古岳麓书院。④黑白经典——指长沙闻名小吃臭豆腐和米粉。

【赏析】

品味老长沙

刘 霄

2020年春天，冰封已久的大地似乎消融得有些晚了，一场突如其来的新冠肺炎疫情阻隔了人与大自然的亲密拥抱。人定胜天，终究阻挡不了春天的步伐。词人一首《疏影·网红长沙》把火辣喧嚣的网红城市长沙又淋漓尽致地展现在读者眼前。春天的暖阳刚刚腾升，我们就寻着诗词的指引追风打卡去了。

长沙丰富的人文历史够你折腾十天半个月。"帛画方罍，访古寻幽"，出土于长沙马王堆千年不朽的秦汉年代辛追夫人及其随葬品，成就了湖南省博物馆仅次于国家博物馆的"二博"地位。"炭河千古情悠远。"位于长沙宁乡的炭河古城，因出土国之重器四羊方尊闻名于世，被誉为中国礼乐历史文化中心。"烟缕图存，还景盛唐年月"，唐宋时代，长沙铜官窑就因出口欧亚瓷器数量居多享誉海外。现场参观出土文物，再咏读极具画面感的词作佳句，映照出一幕幕历史的画卷。

"多少长沙记忆，太平街旧事，浮影飞掠。"太平街、坡子街、高升街、都正街、白沙古井，还有天心阁、杜甫江阁，古韵犹存。尽管长沙文夕大火及抗日巷战破坏巨大，但遗留下来的贾宜故居等一批古巷古宅依然隐现昔日的佳话。坐落在长沙老城的火宫殿、新华楼、双燕楼、玉楼东、九如斋、三吉斋，百年老字号久负盛名。

老长沙的美食不是一两次就能品味真道的，只有无数次的往返或本地的清闲族才有功夫领悟真谛。傲椒的湘菜是少男少女们钟情的美食。传统的双色剁椒鱼头，费大厨辣椒炒肉，还有那走进联合国的炊烟时代，绝对能征服你的味蕾。

其实，长沙的传统小吃更能诱惑大众。"黑白经典绝天下"，一片臭豆腐可以成就一座臭豆腐博物馆，你是绝对想不到的。复原的文和友精品老长沙浓缩景观成为中外游客打卡必到之地，排号等座有时要上10个小时，而仍然乐此不疲。米粉街各具特色的米粉琳琅满目，半个月让你碗碗不重复，餐餐倍儿爽。

长沙是古老的，又是现代的。"火辣喧嚣，活力飘遥，梦幻人生不夜。"一杯奶茶火遍一座城，尽管繁华街道50米左右就开一家，仍然是家家店前排长龙，少则十分钟，多则半小时以上，就为了一口地道的奶茶，喝上几口，沁人心脾，神清气爽。江心的橘子洲头烟花璀璨，华彩惊艳。解放西路的闹吧魅力四射，让你嗨翻天。

长沙，一座连夜晚也不舍得浪费的城市，美食娱乐不舍昼夜，成为这座城市最逍遥的部分。最过瘾的还是夜市，杯觥交错，梦幻琉璃。都正街和东瓜山的烧烤，天还没黑，店里店外的座位就被早早地占满了，一口啤酒一串烧，直到三更夜仍不肯散去。火辣喧嚣的夜长沙，就是一座不夜城，半夜过后仍然车水马龙，吆喝鼎沸，感觉第二天根本就不用上班似的。

老长沙也有静的地方，一路之隔的化龙池清吧一条街，轻轻的旋律又似另一番清风，可以让恋情时空凝固。来一小碗冰镇的杨嗲糯米甜酒，不管是初见还是初恋的美感全在其中。千年古岳

麓书院造就了"唯楚有才"，万千繁华中，也还有一群群读书人，灯火阑珊处，他们痴痴地沉浸其中。

我生长在"千里江陵一日还"的古城荆州，大学去上海就读，研究生毕业后留在上海外企工作，是湘妹子的魅力让我来到了陌生的长沙。没想到，这座千年古城一下子就征服了我。长沙是古老的，又是年轻的。芒果TV的渲染，一座古韵犹存的城市，而又激情现代地秒杀所有的国际都市。额济纳的胡杨林是三千年生而不死，三千年死而不倒，三千年倒而不朽。而长沙是三千年不换城池，三千年古遗犹存，三千年又日日换新。具有丰富文化底蕴的城市，注定了她就是活力十足的城市。这座千年古城征服了许多年轻人，让他们安居乐业下来。

漫步湘江两岸，细细品味魅力长沙，"山水洲城和悦"！

满庭芳·品茗

——献礼华诞70周年

玉露甘甜，碧螺春爽，清明谷雨幽芬。
猴魁享誉，瓜片六安珍。
回味西湖龙井，灵岩韵，香润观音。
祁红艳，白毫滋养，云梦舞银针。

品茗思往事，边城古道，岁月留痕。
觅毛尖，信阳还共都匀。
谁卷毛峰大叶，问普洱，千两封尘。
江山美，黄金万顷，华夏铸精魂！

【题释】

　　新中国成立70周年，伟大祖国繁荣昌盛，人民生活蒸蒸日上。吃水不忘挖井人，是中国共产党把一个苦难深重、一穷二白的旧中国拯救出来，并带领全国人民创造一个崭新的时代。和朋友品茶闲聊之际，启发灵感，以茶入题，颂赞祖国，颂扬时代。

词中碧螺春、玉露、猴魁、瓜片、龙井、岩茶、铁观音、祁红、白毫、银针、毛尖、毛峰、普洱、千两黑茶、黄金茶均为绿红青白黄黑各类茶中的精品。品茗、品景、品风情；咏典、咏歌、咏人生；漫步、漫心、漫光阴。品味人生，人之幸事。

风云人生抒壮怀

唐 诗

诗词碑林，蔚为大观。作为传统文化遗存，诗词魅力依旧，别有风韵。作者此词以"茗"字统起，抚今追昔，展现风物，折射意象，烘托出浓郁意蕴和审美情境。

"玉露甘甜，碧螺春爽，清明谷雨幽芬。猴魁享誉，瓜片六安珍。"此句意蕴疏宕，意境空灵。品茗和心境相融，茗静心动，一明一暗，将景物和心境升华，引出下文，行文宛如流水，真切自然，富有艺术感染力。

"回味西湖龙井，灵岩韵，香润观音。祁红艳，白毫滋养，云梦舞银针。"此句借茗赏心抒情，遥接起句，进一步阐明佳茗之美，既描绘了佳茗特色，又为结句伏笔，将佳茗和心情交织结合起来，丰富词的内涵。词句采用比物手法，字中有味，实中有妙，没用形象比喻，采用的比物手法便将静止的佳茗变为生动的形象，空灵蕴藉有余味，自然不工具技巧。

而后，又顺势牵引出往昔茶事。"品茗思往事，边城古道，岁月留痕。"此句延拓思绪，平仄协调，对仗也工。写实景，描绘当年的环境，同时点题，一个"觅"字，突出岁月峥嵘，其行之壮，其时之丰。

末了，作者大笔一挥，笔风扭转。"谁卷毛峰大叶，问普洱，千两封尘。江山美，黄金万顷，华夏铸精魂！"此句气势如虹，语调张扬，气宇高昂，蓄中有放，结句迸出，生动形象地表达了追忆之情，歌咏了赤子之心。雅风扑面，真情透纸，可闻其声，可见其人，豪情壮志呼之欲出。同时表现出作者对佳茗的钟爱和追求。其心切切，其情殷殷。

品读全词，如品佳茗。全词词风豪放，古朴雅致，开合抑扬，气脉流畅，意境高远。抒情，一洗婉约之气，语调爽朗，清新旷达，风格独具。写物，特色鲜明，语言洗练，识见渊博。表达出朴拙、悠逸的茶人情愫，体现出作者的高雅志趣和旷达胸襟。全词起承转合，一气呵成，足见作者功力。

世事悠然，人生悠悠。以茗追昔，以词言志，品佳茗，品人生，志事业，实为幸之至、雅之至。正如作者所言：品味人生，人之幸事。

※作者唐诗，原名唐凤雄，中国作协会员，影视编剧，媒体记者。曾获全国传奇文学大奖。

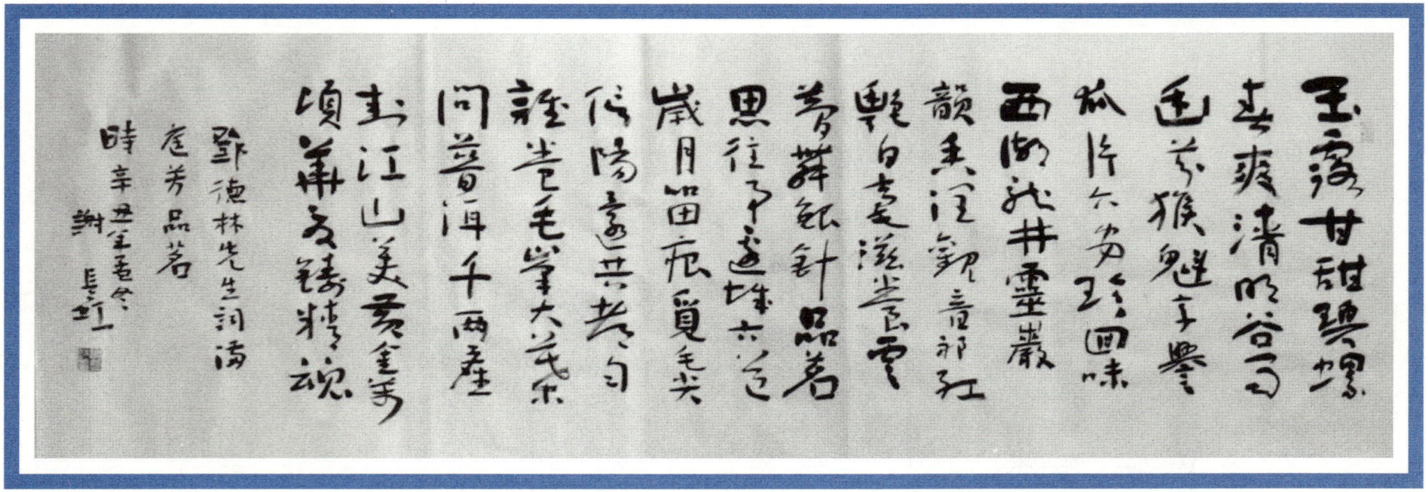

湖南省农信联社二级高级经理谢长虹书

满庭芳·花开四季香满园

梅报年春，兰苕幽静，遍山茶蕾芬芳。

杜鹃吐曜，十里碧桃祥。

榴锦鲜红似火，栀子润，茉莉新妆。

玫瑰雅，清纯情恋，莲韵满池塘。

秋高丹桂赏，芙蓉争艳，月季流光。

傲霜寒，金菊尽享高阳。

映眼神州大地，牡丹放，国色天香。

乾坤朗，悠悠岁月，和顺又福祥。

【题释】

2020年7月1日是中国共产党建党99周年。看了中央电视台《花开中国》，感到今天的幸福生活像花儿一样甜蜜。以花为题作词一首，作为敬献给党的生日礼物。祝愿我们的党永葆青春！

花开四季　情暖人间

洪　樱

　　冬月，静夜里，一书一茶一青灯，展卷德林先生献给中国共产党生日的《满庭芳·花开四季香满园》一词，似有百花满庭，暗香浮动，让人穿越时光的隧道，追寻那散落的美丽。

　　花虽无言，却有语。

　　这是先生作词之妙处，朵朵花开，花开中国，中国花开，开出了青春的芳华，开出了生命的壮丽，开出了中国天空中的繁星闪烁，开出了中国大地上的红旗猎猎，开出了中国的盛世繁荣。

　　词以"梅报年春"开句，严寒中，梅开百花之先，独天下而春，先生巧借梅的"初生为元，开始之本"，意为中国共产党开天辟地革命史序幕的拉开，更借梅的"高洁、坚强、谦虚"，意为中国共产党人的立志奋发、坚韧不拔，尤借梅的"梅开五瓣，元亨利贞"，意为中国共产党如梅一般，定能传春报喜。

　　随即，上阕中，先生以象征手足情、民族情、爱国情的幽兰，表达了中国共产党人的情怀、精神与境界。早春，寒意依旧，茶花满山遍野，含苞待放，尤其山茶花不似其他的花朵，它在凋谢时不会凋谢整个的花朵，而是花瓣片片凋落，一直到生命的结束，这样小心翼翼地凋谢的方式，不就和共产党人追求人生价值的态度是一样的吗？！无论身处何地的寻觅，无论岁月变迁的守护，都能连接起一个历久弥新的世界。

　　紧接着，先生笔下杜鹃、桃花、石榴、栀子、茉莉、玫瑰、莲荷次第绽放，每朵绽放都在述说，风里雨里走过，只为，走向姹紫嫣红的盛夏……中国的革命也历经寒冬走向盛夏，向阳而生，革命的红花，开在"雄关漫道真如铁"的岁月中，竞放在"人间正道是沧桑"的时代里，从云周西村的铡刀，到渣滓洞里绣红旗的热泪行行，从子弟兵的母亲戎冠秀，到淮海战场冲向炮火推小车送军粮的姐妹，从解放区一封封写给前线儿女沾满热血的家书，到宁死不屈的八女投江……每朵绽放的红花都在呐喊，枪里弹里拼过，只为，走向中国革命的胜利。

秋天绽放的花朵，已然带着岁月的沉淀和底蕴。下阕中，丹桂的飘香、芙蓉的争艳、月季的放彩、金菊的傲霜，一份静好，几许醇香。若，革命先辈走过那洒满鲜血的路上，一个个脚印记载着多少风雨与沧桑，哪怕只有半季的绽放，哪怕只是如流星划过，为了解放全中国，他们前赴后继着，他们无悔奉献着，他们艰苦斗争着，赢得国家的独立和民族的解放，烙下抹不去的印记。

百年的奋斗，绿染春风今又是，敢教日月换新天。

先生的心，飞翔，笔下牡丹怒放。华夏大地春潮奔涌浪赶浪，莺歌燕舞庆升平。东方，飞翔的蓝色梦幻，亚太经合组织、世贸组织的加入，放飞着中国人的梦想，上海像一颗明珠，点缀在长江巨龙的额畔；南方，奔涌的绿色旋律，"时间就是金钱"的宣言揭开了一个时代的序幕，深圳跳跃在南方人轻捷的步伐中；西方，苏醒的黄色灵魂，敦煌清风，关山冷月，岁岁年年，大漠孤烟，黄河落日，年年岁岁，今天春之精灵已在荒原开花；北方，搏动的红色心脏，北京奥运让中国成为世界瞩目的焦点。神州起航、嫦娥奔月、青藏铁路、"一带一路"、金砖峰会、电子信息、分子生物、原子能、微电脑、港珠澳大桥……一朵朵绽放的"国色牡丹"，告诉世界，一个强大的中国崛起在世界的东方。

在最美的年华里，与梦想相遇，执着追梦，即使寒冷的冬季，也能感受到春日的暖阳。

全词，四季里，一花一瓣一颗心，花开不同赏，花落不同悲，若问共情处，花开花落时……

※作者系中国金融作协会员，湖南省作协会员，湖南散文学会理事，湖南金融文联副秘书长，湖南金融作协副秘书长。

念奴娇·醉美海西

天使之眼，倚昆仑领略，大漠秋色。

茫渺云涯镶翡翠，搅动人间情彻。

魔力雅丹，梦迷皎镜，辉影莹清澈。

火星营地，漫沙风骑难舍。

今日盛世年华，喜无饥厄，不见刀光热。

聚宝金盆珍玉闪，丝路畅流不塞。

西路通疆，南途连藏，命运诸国策。

星空如幕，载欢天下宾客。

【题释】

　　2020年国庆假期去青海海西探秘，坐车近3000公里，雅丹地貌一个接一个雄浑，翡翠湖一个比一个亮丽，特别是天使之眼艾肯泉惊艳无比。不顾颠簸去火星营地体验一把外星人的滋味。大美青海，醉美在海西，星空大幕，承载天下宾客的欢颜。

少年游·大安村

万福山顶有奇缘，神佑下夕烟。
山涧清泉，滋繁乡野，芽翠百花欢。

春光水暖蜂蝶浪，翁长若当年。
茶道群星，顷心百姓，大安望雄安。

【题释】

　　应湖南省粮食局老领导夏文星同志之邀，2021年五一假期去其老家安化渠江大安村乡游。大安属雪峰山余脉，过去因地势偏僻，交通不便，贫穷落后。脱贫攻坚和社会主义新农村建设的春风让大安短短几年就发生了根本性变化，成为美丽乡村示范村。"北方有雄安，安化有大安。"党的福光普照大地！

沁园春·大安今昔

昔日大安，移民上山，道行木舟。

啃红苕苞米，饥寒难受；田园居俭，无所他求。

茶马古道，贫瘠荒野，曾几何时谁愿留？

翘心盼，山涧清泉水，来日悠游。

光阴不为人留，黄精种、山林硕果收。

数十春耕获，茶乡沃润；渠江薄片，争创一流。

万福山头，佛神安佑，潺淙溪边民宿幽。

正当世，大安逐雄安，梦在山丘。

【题释】

2010年至2013年与夏文星同志共事三年半，受益甚多。他用自己的智慧、才干和人脉，开拓创新，风生水起，挥洒自如。他的人生"三立"（立德、立功、立言），上下称颂。2021年五一假期，受邀去他老家安化大安品读新农村建设之书，更加敬佩夏老退休后奉献家乡的赤诚之心。本来创作了一首《少年游·大安村》

送给村里，夏老非得还要我用"沁园春"词牌再写一首才过瘾。盛情难却，细细研磨，再就一词。

【赏析】

悠然不尽话大安

胡小平

这首触景生情的词作，既富有清晰的画面感，又充满浓郁的乡村生活气息，颇值得称道。素材来自德林先生今年5月3日前往乡下探望好友时的所见所闻，但又并非全属纪实性质，对历史沧桑与今昔巨变充满了无限的艺术想象和遐思。

词的上阕写乡亲们的生活环境，生存方式，以及地域特色与美丽的自然风光，为与下阕形成鲜明的对比与反差，词人从思绪中铺展了一幅具体而又形象的画面。

大安村位于湖南省安化县渠江镇，地处渠江中游，因为资江在此流过，修建柘溪水电站时，很多乡亲成了移民，即使村落仍留守着部分人家，但他们长年累月在泛舟中相聚，在山道中行走。乡亲们生活在这样的穷乡僻壤，在日出而作与日落而息中饮食人间烟火，他们的生存空间非常狭小，靠啃红苕苞米度日，其行为方式是那么的简单，那么的淳朴。甚至，他们除了领略大自然四季的变幻，领略资江潮起潮落，领略繁星与月色，迎来每一个晨曦，送走每一个日落，其余对他们而言，已达到了无所谓有，无所谓无的境地。这种与世无争的状态，又是一种怎样的心境？是落后的原因？还是贫穷的结果？抑或是愚昧留存的气息？也许都是，也许都不是。也许，只有岁月的年轮记录了他们生存

的痕迹；也许，只有这方山水才知道他们生活的真谛。

这里曾是万里茶道中安化黑茶始祖"渠江薄片"的故乡，始建于明嘉靖年间，见证了安化茶业兴盛于明清时期的历史进程，也是安化的核心茶区之一。唐代古籍所记载的"渠江薄片"曾运销湖北江陵、襄阳一带，明清时期晋商沿资水于古茶市进行茶叶贸易，再经洞庭湖一路北上出境。那个时期的大安，是何等的热闹，又是何等的繁华。然而，这条曾经向外延伸的茶马古道，原来清脆的马铃声，已消失在岁月的尘埃里。远方贫瘠的大山，荒芜苍凉的古道，又有谁愿意留下呢？不过，当你翘首而望，但见春天的大安处处山花盛开，生机勃勃，洞水潺潺过，清泉石上流，悠然的自然景观，突然间充溢在词人的心中，仿佛看到了寄情于大安山水的另一番喜悦。

词的下阕写大安如今的可喜变化，这变化源于时代的变迁，源于人们思想的解放，源于辛勤的耕耘，源于科技信息的发达。在描述变化的转写之处，词人以层层递进的方式，再给读者增添了一幅物产丰富，面貌一新，韵味独至，悠然不尽的图画。

单从转写的角度说，词人用洗练明快之笔画出了大安今日发展的背景与内涵，给人以饱满的视角和新鲜感。读者甚至从庄稼品种的改良看大安的变化，明明是写新时代农村焕然一新的面貌，明明是讴歌乡村振兴给农家带来的欣喜，可在语言流淌的节奏里，词人偏偏不从正面叙说，偏偏要从侧面落笔，偏偏以一幅丰富多彩的农家田野风光娓娓道来，让读者更加引人注目，且对下文充满期待。

期待中，可以惊喜地看到，如今的大安与昔日相比可谓天壤之别，新时代的声声号角，唤醒了沉睡的大山，唤醒了面朝黄土背朝天的父老乡亲。走近大安，但见茶山满园，遍地黄精，硕果累累，尤其是黑茶始祖"渠江薄片"，大安人乘千亿湘茶转型战略的东风，精心研制，再振雄风，就连矗立山顶的万福山塔，也佛光普照，庇佑乡亲。再看潺潺溪边，在风景怡情的地方，建起了乡村民宿，这仅仅只是民宿吗？如果偷得浮生一日闲，在这里住上一晚，领略山风，沐浴涧水，捧饮清泉，聆听鸟鸣，浸润思绪，悠然闲话，无不带给人们丰富的美的联想，无不带给人们对新农村更多的留恋与渴望。这样的生活环境，这样的生活节奏，与今日崛起的雄安相比，可以说各有特色，各有千秋。

这种带有纪实风格的诗词，自然而然写到了山川风物，自然而然写到了人们的观念与思想。当然，最吸引读者的不单纯是景物，不单纯是变迁，最重要的是传出了作者在特定环境里的一片心境，这心境是沉静的，也是波涛汹涌的，更是亲切感人的。这种特定的写作方式，自然而然给人一种醉人的艺术魅力。

※作者系中国作家协会会员、湖南省金融作家协会主席。

浣溪沙·黑茶飘香

资水蜿蜒自徜徉，
云台仙雾露神光，
梅山文脉韵幽芳。

妙手生花卷千两，
悠悠古道马蹄忙，
黑茶源远久飘香。

【题释】

2021年11月27日至28日受邀出席中国金融作协、湖南省金融作协安化创作基地授牌及文学采风活动，有幸结识众多作家及新秀。感谢中国金融作协、湖南省金融作协对湖南农商银行系统的关心和厚爱，即兴填词一首。点赞活动，盛扬黑茶。

黑茶飘香味正浓

彭建忠

这首《浣溪沙·黑茶飘香》是德林先生今年深秋前往安化出席金融作协文学采风笔会期间所作。全词四十二字，字字声韵流传，情怀摇漾，含意深厚，意境超远，尤其是对安化黑茶的赞誉，穿透地域，穿透历史，穿透人文，同时也穿透了德林先生无限的思绪与情怀。可谓身在茶乡入胜景，黑茶飘香味正浓。

当我从微信中读到这首词时，首先有一股真情扑人之感。我与德林先生都是益阳人，我们既是老乡，也是同事，更是好友。他笔下的安化，是一个人杰地灵的地方，我自2001年前往安化工作，长达7年之久。可以说，安化是我的第二故乡。德林先生词意里叙说的资水、云台、梅山、千两、古道、黑茶这些名词，对我而言，是那么亲切，那么难忘，那么记忆犹新，仿佛就在眼前。

综观这首词，上阕写自然文化，下阕是笔会抒情。无论是地域景观还是历史人文，词人在叙说中的落脚点非常明确，就是以一连串生动的景象，衬托黑茶飘香。这一点，正是我心之所系，情之所牵的地方。也许，是我与德林先生心有灵犀；也许，是他这位老朋友特意为我情牵黑茶而倾吐的芬芳。

安化是梅山文化的发祥地，早在五千年前，部族首领蚩尤就已在这片古老的土地上创造了无比灿烂的始前文明。从神符文化到狩猎文化，从山歌文化到黑茶文化，寻觅中，处处散发着新旧文化的气息。尤其对安化的自然景观与黑茶，曾有诗人这样写道：梅山大地好风光，美不胜收闺中藏，前乡有名芙蓉景，后乡山水是资江，你看方圆数十里，野生茶叶满山岗，代代相传勤为本，三十八代出茶王，千年建县图大业，家家户户茶飘香，茶香飘出大山外，御赐贡茶美名扬。

据专家考证，安化黑茶源于汉，成于唐，兴于宋（宋熙宁五年置县），发迹于明清。从宋代茶马交易开始到明清时期，中华大地就有晋商雄霸天下五百年之说，而安化黑茶就是晋商成功路上绽放的璀璨明珠。明代朱元璋赠赐予代表皇家尊荣的"九"字符，从这个时期开始，朝廷将安化黑茶定为官茶。正如德林先生词中所写"妙手生花卷千两，悠悠古道马蹄忙"。在晋商的开掘下，千山峻岭到处可以聆听茶女的歌声，悠悠的古道上，清脆的马铃在山间回响，资江两岸的茶农商贾来自四面八方。安化黑茶顺江而下入洞庭，汉口起运直达山西，大部分在径阳加工后再运往欧洲，由此，安化黑茶不仅富了一方茶农，而且架起了我国通往世界的桥梁。

然而，卢沟桥的枪声封锁了茶路，昔日欢歌笑语的茶乡，刹那间笼罩在呻吟之中。危难之际，中国黑茶理论之父彭先泽先生回到家乡，带领茶农们大办茶校，驱赶阴霾，研制黑砖，迎来曙光。其间，以白沙溪茶厂为代表的主流企业，在时局震荡中艰难前行，先后成功研制了"三尖三砖一花卷"等黑茶品牌，但因烽火岁月，茶路中断，许多茶园再度荒废于山野，许多企业再度陷入困境，茶农只得放弃主业另谋出路，奔走他乡。这种艰难岁月，一晃几十年。

守得云开见日出，安化黑茶正当时。我调入安化的那一年，正是国家产业转型的关键时期，为发展地方产业，县委县政府提出了"山地开发"的战略目标，做优茶产业就是其中的重头戏。这时，历经多年等候的茶企，多么希望得到政府的扶持与帮助。于是，在县委县政府的主导下，大开茶园，大兴建设，大抓茶叶产业。现实证明，这种等候有了回音，这种希望完全证明可以实现。三年过后，青翠的茶园绿起来了，停产的茶厂转起来了，破产的企业走上了股份改制之路。一路艰辛一路歌，在白沙溪茶厂这艘航母的带领下，安化黑茶再度呈现生机，走向繁荣。黑茶产业的兴旺，不仅打响了品牌，而且为县域经济的腾飞谱写了新时代的灿烂篇章。

这不是传奇。

也不是神话。

如果准确描述，这是一个时代的崛起。

我离开安化整整十四年，面对"黑茶源远久飘香"的无限魅力，心中感慨颇多，很想为安化黑茶重振雄风写点什么，但因工作繁忙，一直不曾动笔，恰好德林先生这首《浣溪沙·黑茶飘香》的词作给了我动力。难得有如此机会，让我在欣赏诗词中借花献佛，为锦绣安化与黑茶飘香留点印痕。

※作者系益阳市人大常委会主任。

【赏析】

梅山文脉韵幽芳

李争荣

邓德林先生的《浣溪沙·黑茶飘香》创作于2021年11月27日至28日出席中国金融作家协会、湖南省金融作家协会为安化农商银行"安化创作基地"授牌及湖南省金融作家协会"普惠金融下基层——安化行"文学采风笔会活动期间，词中内容丰富，每一句都饱含着安化特有的文化气息，字里行间流露出先生对安化秀丽山河的了解，在对梅山文化与黑茶文化进行讴歌的同时，肯定了安化农商银行悠久独特的企业文化和在"三农"大地上的金融服务，展现出先生根植于内心深处的农信情怀。

资水横穿安化而过，乃安化最为重要的水脉资源，一方水土，养育一方人，一字"蜿蜒"，将滚滚而来的资水流入读者眼中，倘徉而来的养分，滋养着安化独具特色的人文地理文化。云台山作为4A级景区，以险为奇，以秀见长，以幽为美，拥有大自然赋予的神奇而独特的旅游资源，以大自然秀丽的景观闻名于世。词中仙雾、神光，便是对云台山风景鬼斧神工最好的诠释，立于山巅，万顷白云成汪洋，波涛起伏，卷起千堆雪，气势磅礴，置身云海当中，如同仙境般，如诗如画，如梦如幻，山中有云，云绕群山。迎着第一缕晨光，云雾腾飞，与日出吐露的神光交相辉映，好不热闹，让人惊讶于云海的波澜壮阔之余，感叹着人与自然和谐共生之美。伴随着内心风起云涌的翻腾，先生笔锋一转，用文脉幽芳的描绘，将读者腾空的热血抚平，宛如置身世外桃源般，到处充斥着沁人心脾的清香，让人欲罢不能，回味无穷。

德林先生一句"梅山文脉韵幽芳"，将读者拉回到了一个梅山文化的意境，传承数千年的梅山文化清晰地展现在人们面前，狩猎声声，号角群起，闻乐而舞，盛大的祭祀场面印入脑际，古人载歌载舞，庆祝丰收，祈求平安，用自己的方式将"吃得苦、耐得烦、霸得蛮"的奋斗精神延续，融入生产生活的方方面面。文脉如此，安化农商银行人那种锐意进取、艰苦奋斗的工作作风和播种大地、忘我付出的奉献精神，便是最为真实的文化基因。在这片土地上，从"背包精神"到金融改革，再到创新发展，每走一步都有着深厚的文化底蕴，都是立足于方寸之间最为美妙的坚守，都是梅山文脉广而深的力量源泉。

先生用"妙手生花"来赞许安化黑茶的制作工艺，作为黑茶的代表产品千两茶，有着复杂的制作工艺与流程，随着时代的发展，黑茶的部分工艺已由现代化的生产流水线替代，然而千两压制工艺，仍需手工制作完成。作为一个土生土长的安化人，我是多多少少知道一些黑茶的门道的，黑茶的制作需要经过杀青、初揉、渥堆、复揉、烘焙等程序，当然，这些也只是公开的、众所周知的内容，真正的核心内容，便在这千两压制上，当是属于商业机密了，如白沙溪、阿香美、高马二溪、云天阁、芙蓉山等企业都有着独特的制作工艺，并注册了专利，获得了发明认证和知识产权保护。安化县千两茶制作技艺更是于2008年经国务院批准列入第二批国家级非物质文化遗产名录。词中，先生用一个"卷"字，让黑茶的制作工艺活灵活现起来，一群年轻力壮的小伙子，喊着高昂的号子，雄浑高亢，粗犷古朴，手拿大杠、小杠来回压；汉子们脚踩面篓，手拉面线，纵使汗流浃背，也不停歇手中的制作，一遍又一遍地紧固，可谓一气呵成，直至面篓里的茶叶、粽叶、棕皮包裹紧密，一根根千两茶交融而成。先生短短几个字，不仅表达了对黑茶的赞赏，更流露出其对安化劳动人民的夸赞。正是有了一代又一代人的传承与创新，才有了今天脍炙人口的饮品。

"悠悠"二字，最适宜心境的表达，古道繁忙，马铃回荡，穿梭其间的，是马帮贸易忙碌的身影。读者的思绪被马铃牵绊，脑际便再度呈现昔日"茶市斯为最，人烟两岸稠"的盛景与辉煌。作为重要的茶叶生产基地，高马二溪皇家茶园至今犹在，渠江薄片千古传唱，独特的冰渍岩地貌，优越的地理环境，以及宜人的气候，让天时地利人和齐聚，安化黑茶便盛行于斯。作为中国黑茶的始祖，在距今一千多年的唐朝就被列为朝廷贡品，在明朝更是被定为官茶，而今更是成为中国国家地理标志产品，对其独特的制作工艺与传承进行了保护，可谓是历史底蕴和文化底蕴深厚。

词的结尾非常精辟，给人无限的遐想与希冀。一个"远"字，表达了追根溯源的意思，更传递了先生对黑茶历史和黑茶文化传承的感慨；一个"飘"字，凸显了安化黑茶如火如荼的发展势头，也饱含了先生对黑茶创新发展壮大的祝福与期许，更表达了先生对安化农商银行全面落实省农信联社"文化强行"理念的祝愿与期盼，让读者感受到了创作时先生满满的正能量，以及对美好幸福生活的赞美与向往。

※作者系中国金融作协会员，湖南省金融作协常务理事，中国作家在线签约作家。

清平乐·贺文联作协代表大会

新朋老友，煮酒高歌走。

风雨同舟欣携手，怀揣初心长久。

八尺血性文英，我自踏浪前行。

一代伟人指引，挥毫时代征程。

【题释】

中国文联第十一次、中国作协第十次全国代表大会于2021年12月14日在北京召开，习近平总书记亲临大会并讲话。新闻之后收看电视剧《香山叶正红》，正好看到毛主席出席第一次文代会的镜头。历代党和国家领导人对文学艺术的重视与关怀，令我感受至深。文学艺术源于生活，高于生活，照亮生活。展望未来，在习近平新时代中国特色社会主义思想指引下，不断推陈出新，再创辉煌！

雪花飞·北京冬奥

风影冰丝起舞，天宫放眼惊呼。
银絮飞花竞秀，情满华都。

携手齐欢畅，琼浆暖玉壶。
明日春回大地，四海清姝。

【题释】

　　2022年2月4日（农历立春），第24届冬季奥运会在北京及延庆、张家口举办，这是世界体坛的又一盛会。北京作为世界唯一承办双奥的城市，彰显中国实力。美轮美奂的冰丝带，将冰雪运动推到了一个新的高度。我们相信，爱好和平友好的世界人民，一起向未来，四海皆清姝。

一起向未来

李争荣

　　邓德林先生的《雪花飞·北京冬奥》，创作于2022年2月4日中国北京举办的第24届冬季奥运会开幕之际，词中内容丰富，每一句都是一幅生动的画面，每一句都是一种深情的感动，无不透露着先生对北京冬奥、伟大祖国的啧啧称奇，无不流露着先生对春回大地、世界和平的无限向往。

　　曾几何时，我们备受欺凌，中华大地掀起强身健体浪潮；曾几何时，我们单兵作战，华夏健儿满眼期盼奥运盛世之花绽放在祖国大地；曾几何时，我们满载而归，为了祖国而战的自豪与骄傲，化成了拼搏奋进的力量。泱泱中国，有着上下五千年灿烂的文明，从中国人民站起来到富起来再到强起来，体育是一个国家强大的缩影。从毛主席倡导的"发展体育运动，增强人民体质"，到乒乓球外交，到2008年成功举办北京奥运会，再到2022年举办北京冬奥会，体育强国梦想一次又一次超越，一次又一次让中国人民心潮澎湃。德林先生一句"风影冰丝起舞，天官放眼惊呼"开篇，北京冬奥会的举世瞩目跃然纸上，美轮美奂的冰丝带，将冰雪运动推到了一个新的高度。

　　南方的雪如期而至，漫天飞舞的雪花纷纷而下，给虎年的春节增加了年味。对南方而言，这场雪来得恰到好处，鹅毛飘雪如期而至，期盼之余，更多的是兴奋，是幸福，是甜蜜。爆竹声声，配上那久违的白雪皑皑，自然成了孩子们的向往，也成了老小孩们的人间天堂。北方的雪更是下得比往年猛烈一些，一个个憨厚可爱的冰墩墩迎接着来自五湖四海的体育健将和朋友。北京冬奥会赛场上，自然离不开银装素裹，更离不开赛场上各国运动员的同台竞技。德林先生一句"银絮飞花竞秀"，将北方飘然而至的一朵又一朵雪花与运动员施展看家本领的画面融为一体，充分展示了"更高更强更远"的奥林匹克精神。

中国历来热情好客，爱好和平，"情满"两字恰到好处。情有亲情、爱情、友情等若干种，这里的"情"字泛指博大的友情。不论熟悉的，还是不熟悉的，不论是国内的，还是国外的，不论是黑头发黄皮肤黑眼睛，还是黄头发黑皮肤蓝眼睛，不论是年纪大的，还是年纪小的，能走到一起就是一种缘分，就是一种友情。这种友情能否坚守，关键在于用心用情。

2022年2月4日这天，正是虎年正月初四，又恰逢农历立春，举国上下还沉浸在中国传统佳节——春节期间的喜悦之中，难得的清闲，打开电视机一看，无与伦比的北京冬奥会开幕式呈现在眼前，让人遐想，让人追求。边欣赏比赛，边品味美味佳肴，还配上琼浆玉液，轻松快乐，温暖心田。您瞧，北京、延庆、张家口赛场上，一个又一个让人刮目相看的动作，一浪又一浪的掌声欢呼声汇聚一起，让人格外开心快乐，因为我们是中国人而倍觉骄傲和自豪。

春的气息总是让人沉醉，春语呢喃，伴着醉人花香，沁人心脾。一年之计在于春，先生好一个"春回大地"，一语双关，既有季节性的用语，又有好政策好措施好办法，能让每个中国人为之欢呼，能让每个同中国和平友好的各种不同肤色不同年龄不同性别的人民为之赞许。尤其是事关人民生命安全的新冠肺炎疫情防控，从中央到地方、从城市到农村、从单位到社区、从团体至个人，全面落实党中央决策部署，坚决打赢疫情防控总体战、阻击战、歼灭战，中国取得了举世瞩目的成就。北京冬奥会期间，中国更是加强了新冠肺炎疫情防控，足以显示以习近平同志为核心的党中央防控疫情、驾驭复杂局面的超凡能力，彰显大国实力和责任担当。这些正是"春回大地"，风景这边独好。

绿水青山就是金山银山，一枝一叶总关情。和平、友好相

处，是每个人的共同心愿。蓝天、碧水、青山，一幅又一幅美丽的画卷，是每个人的共同向往。阔步向前走，一起向未来，过上幸福美好的生活，是每个人的共同追求。词的结尾用"四海清姝"来表达先生的希冀和对五湖四海的向往。我们有理由相信，只要用力用心用情去拼搏，就一定有奇迹发生，就一定会有美好愿望实现。

　　※作者系中国金融作协会员，湖南省金融作协常务理事，中国作家在线签约作家。

深厉感悟

不经风雨怎见晴

忆江南·踏征程

悠长路，云梦水直横。
沉默无言双眼泪，辞师别友下基层。
识远我独行。

悠旷路，骤雨雾蒙蒙。
任重前行多险阻，正当年少志鲲鹏。
来日见丹虹。

【题释】

1983年7月，从全国重点大学湘潭大学哲学系毕业，我有幸成为省委组织部的选调生直接去农村基层工作，组织上把我分配到沅江县普丰公社。公社地处洞庭湖腹地，路途遥远，交通不便，夏天又正值汛期，洪水迅猛，几经周折，方达目的地。怀揣青春梦，踏上新征程。

【赏析】

正当年少志鲲鹏

杨文辉

这首词是邓德林先生38年前大学毕业去基层工作时所作，我在赏读先生《诗词百首》时，对此词留下了深刻印象。这是一首层次丰富，变化多样，完整而又统一的艺术佳作。词的重点并非写辞师别友下基层本身，而是侧重于抒发人生的志向。其中交织着悠思沉沉但又不得不直面现实的情绪，环境艰苦但又可望而不可即的深长怨叹，以及在困难中坚定前行的姿态。

全词由两个相互表里的层次组成。表层次写了时间地点及词人下基层任职时的心境，面对路途遥远、交通不便、洪水猛涨的工作环境，词人最初的情感是波折起伏的，其孤独之情溢于言表，其伤感之怀无人可诉，内心的惆怅与情感的纠葛在"识远我独行"的文字里流淌。纵深层次则显示词人追求美好未来的心灵，在几经周折到达目的地后，没有选择逃避，没有黯然神伤，没有望而却步，而是在扎根中确定目标，在困难中坚定信念。这一连串的情感演化，将表层与纵深的两个层次抒写得淋漓尽致。

本词的主旨是写"长路"。路，本来是非常抽象的，但词人将漫漫人生路巧妙地融入，把"悠长路"转化为一系列具体可感的艺术视角，从而使这首词极具艺术的感染力。词的下阕在强调恶劣的环境时，用"多险阻"进一步烘托"悠长路"，非常形象地勾勒了读者的视角，它给读者提供的不仅是单纯与普通的画面，而是一个十分艰难，矛盾非常突出的工作状态。

然而，面对这种状态，词人笔锋一转，用"正当年少志鲲鹏"直触人心底的力量。这种力量给人以醒目、鲜明、立志的冲击，同时又是一种崭新的艺术镜头。充满梦想的大学，省委组织部的选调生涯，洪水泛滥的地域环境，独自前往的孤独身影，"路漫漫其修远兮，吾将上下而求索"的立志心境，这一连串的叠印镜头，使读者产生无限联想，在联想中品味词意蕴藏的无穷韵味。也许，这就是这首词的迷人之处；也许，这就是这首词的魅力所在。

当然，词的结局更加精彩，词人用"来日见丹虹"非常巧妙的比喻句式，道出了正当少年的人生追求，道出了艰难环境只是"悠长路"的一个征程，而且非常含蓄地规划了一个灿烂如锦的未来，同时衬托了鲲鹏展翅与扶摇直上的人生志向，尤为重要的是，表达了词人坦白、奔放、率真与热烈的性格。

满江红·读《大清相国》

湘水湍泷，洲两岸，云翻雨泄。
抬眼阅，仰天长叹，绪潮颠烈。
时岁无痕人易老，酸甜苦辣云遮月。
琏瑚器，花发等青春，谁书写？

年少梦，犹未灭。心事忍，何时切？
亦大器晚成，稳持游猎。
岳麓山前书海隐，洞庭湖里笙歌掠。
待明日，展翅再远航，终飞跃！

【题释】

2014年5月撰。中国作协常委、湖南省作协主席、著名作家王跃文送我一本《大清相国》。小说主要讲述大清名臣陈敬廷等人的为官故事，总结出为官"等、忍、稳、狠、隐"五字要义。感受至深，颇受启发。阅后拙作一首《满江红》作为回赠。借古鉴今，用平常之心对待人生起落，用实力魅力成就人生价值。

定风波·挂职千山红

春夏潇潇雷雨声，崎岖曲折乃前行。

轱辘四轮难胜马，谁怕？康庄大道有新生。

万顷蔗田添嫩叶，甘冽！葡萄花盛溢香迎。

碧血丹心时警醒，坚定！不经风雨怎还晴？

【题释】

1989年初夏，匆匆离京回家履新。挂职国营千山红农场，路途遥远，坎坷不平。然而，一进农场，大片大片的甘蔗田，绿意盎然，万亩葡萄园，花蕾溢香。田园美景在跟前，而考验还在后头。前行路上肯定会有曲折，但使命在肩，一定刻苦磨炼，不负组织的期望。

西江月·贺共青团十三大

青壮京城聚会，春风拂面相迎。

万夫翘首启新程，岁月静柔如影。

五四精神传颂，四方立志前行。

风扬旗帜耀苍穹，采诗舞曲欢庆。

【题释】

　　1993年5月3日至10日，中国共产主义青年团第十三次全国代表大会在北京召开，来自全国的1868名青年代表出席。我有幸作为正式代表参会，受到党和国家领导人的亲切接见。弘扬五四风采，欢呼青春万岁！

鹧鸪天·大干冬修水利

沅澧夹合过蠡山，烟波浩淼水连天。
洞庭渔歌欢声唱，芦花飘飞舞翩跹。

号角响，我冲前，战天斗地保平安。
堤垸百里旌旗展，各领风骚竞帅先。

【题释】

1996年洪灾，地处洞庭湖腹地的沅江市十垸九溃，损失惨重。痛定思痛，大修水利。1997年冬，组织上安排我到沅江工作，正赶上大干冬修水利的热闹场景。

【注释】

①沅澧——沅水和澧水。②蠡山——湖南沅江市赤山。

益阳市人大常委会副主任陈伟志书

定风波 · 津市赴任

沅澧风烟低澄岚，囊萤夜读少时谙。

开弓哪有回头箭。

惭腼，思潮跌宕起波澜。

谦和君德行若简，恬澹，独善其身不贪婪。

百废待兴千万件。

实干！大鹏展翅好儿男。

【题释】

　　1999年12月，省委决定年轻后备干部全省跨地市交流，我从益阳市政府办公室交流到常德津市工作。津市市是湖南省计划单列市，工业重镇，市郊新洲是旧时澧州府所在地，相传是孟姜女和车胤（字武子）的故乡，孟姜女哭长城和囊萤夜读的故事千古流传。上任之际，正值计划经济向社会主义市场经济转轨时期，异常困难。既来之则安之，一定不负众望！

【哲思】

"慎独"的考验

独行远方，少了家人的关怀和唠叨，一切都要靠自己。

自己管住自己，这是世上最难的事，然而也是最管用最可靠的办法。陈毅同志在《手莫伸》这首著名诗作中写道："手莫伸，伸手必被捉。党与人民在监督，万目睽睽难逃脱。汝言惧捉手不伸，他道不伸能自觉。其实想伸不敢伸，人民咫尺手自缩。岂不爱权位，权位高高耸山岳。岂不爱粉黛，爱河饮尽犹饥渴。岂不爱推戴，颂歌盈耳神仙乐。第一想到不忘本，本自人民莫作恶；第二想到党培养，无党岂能有所作？第三想到衣食住，若无人民岂能活？第四想到虽有功，岂无过失应惭怍。"今天，诵读这首诗作，感慨甚多，受益匪浅。老一辈无产阶级革命家是我们领导干部自重、自省、自警、自励的光辉典范。

世界观的改造是长期的。在金钱、美女和权位面前，自己管住自己，一时一事尚可做到，但一生一世却不容易，这需要有良好的自我修养。"修犹切磋琢磨，养犹涵养熏陶。"修养，无论古今中外，都是一种磨砺，陶冶人性的基本方式。从其实施过程来说，带有"自我教育""自我改造"的意思。外因总是通过内因才能起作用的，如果能够做到"慎独"，即使在个人独立工作，无人监督，有做各种坏事的可能的时候，也不做任何坏事，才能经得起检验。如何正确对待实际利益，是我们每一位领导干部面临的一个很现实的考验。面对物质利益的强烈诱惑和刺激，面对各种复杂的社会关系和问题，如果我们总是站在个人的小圈子里打转转，有些问题，诸如个人利益与人民利益、索取与奉献等，就可能想不清、理不透。但如果站在党和国家前途和命运的高度来想，就会眼界宽广，心胸开阔，增强拒腐防变的能力和自觉性，就能处理好许多似乎"伤脑筋"的问题，处理好各种利益关系。达到这样的思想境界，不是一朝一夕的事，而是长期思想修养的结果。

平时，我们常听到一些人对社会风气"无能为力"的感叹。问题在于，我们是在消极腐败现象的总和中加上自己的一份，还是从这个总和中减去自己的一份？千万不能小看了自己的这一份。如果我们都能做到自己管住自己，社会风气的改变就大有希望。

沉潛風煙低澄嵐囊管夜讀抄

時潛弄弓哪向回頭箭斷腦

黑潮起波瀾洋和君德川

若筍臨澹獨善其身不貪安百慶

待與千萬件大鵬展翅於究男

書鄧法宋先生宏風波律而赴任 芒滯州徐宋

江城子·农税改革

孟姜女庙雾茫茫，倚窗光，且徊徨。

白雪莽原，荒野觉凄凉。

耕作愁眉强为难，民生怨，冷如霜。

宗羲定律复还乡？改革忙，换轻装。

"两减两消"，血性泪千行。

农税取消时当正，能量释，挺如冈！

【题释】

2001年3月24日，中央电视台新闻联播报道湖南津市农村税费改革做法。我作为津市时任主要领导接受专访，倍感欣慰。津市作为农税改革试点县（市），大胆创新，创造了"两减两消"的经验。

【注释】

①孟姜女——津市是传说中的孟姜女故乡。②宗羲定律——"黄宗羲定律"。历史上的税费改革不止一次，由于历史的局限，

每次改革后，农民负担在下降一段后又涨到一个比改革前更高的水平。明清思想家黄宗羲称为"积累莫返之害"。③"两减两消"——减债消赤，把农民从沉重的税费负担中解放出来；减员消肿，把基层组织从繁重的压力中解放出来。

【赏析】

尤为贵者在词之风骨内核

刘心武（深圳）

德林者，同乡学兄也，虽未谋面，览其诗词，言辞所及，词间气息，倍感熟悉亲切。

览德林词作，多仕途官宦情怀，游历观光兴致，闲情野趣余蓄。大多格律对仗工整，韵律铿锵跌宕，宜击节吟诵，可摇头品咂赏析。

百余诗词中，惟《江城子·农税改革》余情有独钟焉，盖因其为民间负累劳苦悭怛伤悴之情怀，锐意革新之意志，沿袭传承士大夫精神矣。

吾国自春秋已降，有官师合一传统。为官一方，敬业清廉，励精图治，教化民众，造福一方，其辛劳困顿与感慨，多以诗词散文抒怀励志传承。杜甫、范仲淹乃其冠杰翘楚。德林学兄以先贤为范，揣摩其精粹，守其圭臬，传扬发挥，成就今人古文之新创。

《江城子·农税改革》以"孟姜女庙雾茫茫"起调，虽为虚写，实则以虚入实，展现词人思虑满腔之情境，为全词奠定基调。此乃传统诗词艺术之托物起兴，借孟姜女庙和雾霭起兴，借具象物

寄托茫然之心思。继之词人出场，"倚窗光，且徜徉"，表达词人夙兴夜寐，为百姓疾苦费尽思量。此处"窗光"神妙，寓意晨光夜光灯光皆可也。二行"白雪莽原，荒野觉凄凉"，明写景，实乃借景抒情，写词人凝视现实之严峻，百姓生存之疾苦。步调上乃首句之递进与加强。三行在前二行起兴升调基础上垂直降调，訇然落地，由虚写至实锤，直接表达百姓农耕生存之艰难困苦现状与怨声，间接表达词人对现实之愤懑与鞭挞。

上阕至此一轮回，借具象实景表达词人对农耕百姓疾苦之浓厚忧思，对严峻现状之深切关注。

诗言志，歌咏怀，志得则意满，乃诗歌之神韵也。若仅限于上阕之忧思关注乃至愤慨，虽可自洽，此类良诗好词亦非罕见，却难成卓越之作。德林学兄之志远非如此。为一方"父母官"，怀革新图强之宏愿，具探究新法之胆识，下阕在此志向宏愿驱动下深入延展。

下阕开首一问句——"宗羲定律复还乡？"借古喻今，开启词人对解决现实困境之思索，二三句"改革忙，换轻装"，承接前句，得革新方向与策略。二行基于头行推进，一句写具体方法，于策略指引获解决方案，逻辑上顺理成章。二句"血性泪千行"指实施具体解决方案过程，主导者和执行者既要有决断力和坚强意志，又要关注顾及现实利益受损群众之阵痛，权衡抉择，难以两全，自然有冲动之举与动情之泪。尾行首句表达革新之举初成之喜悦，二、三句写革新成就之自豪，词人历经思虑革新之困苦，终于瓜熟蒂落，功德圆满。

纵览全词，尽得宋词神韵，尤为贵者在词之风骨内核；词人胸怀百姓疾苦，殚精竭虑，鼎立革新，终得善果，成就人生志愿与仕途功业矣。

（2021年4月10日于深圳梧桐山居）

踏莎行·惜别大有庄

月夜漫长，灯烟幻灭。

人生无奈是，不休喋。

同窗十月，与君心洞彻。

抚琴吮墨，共邀明月。

把酒言欢，歌重一阕。

相聚时不易，又难别。

嗟叹苦短，月光轮圆缺。

来日再会，赏花时节。

【题释】

2008年3月至2009年1月，在中央党校第12期中青二班学习一学年，全面接受系统的马克思主义教育和党性锻炼，四次现场聆听习近平校长讲话，赴云南调研和韩国研修，经受了人生又一次洗礼。离别校园，依依不舍；惜别学友，饱含深情。

大有庄——中央党校所在地。

人生得知己 足以慰风尘

卢 金

近来，在赏读邓德林先生的诗词时，对先生在《踏莎行·惜别大有庄》中宣泄与朋友分离之时沉郁的情绪所感染，通过这首词，我感受到了邓德林先生在离别校园之际，对校园时光的依依不舍；在惜别学友之时，对同窗朋友的深情惆怅。全词以言情明理为主，将写景与叙事，言情与明理相融合，使人在赏读过程中，极易产生沉郁的情感共鸣。

上阕，作者交代了时间、事由及身边所处的环境，通过"明月""灯烟"诗词意象的营造，表达自己心中的煎熬与不舍。在大有庄里，通过短短十个月的相处，作者与学友，经历了从相遇到相识，从相识到相知的过程，美好的时光无不让人感慨时间飞逝。然而在这离别之际，却又感知时间又是多么的漫长，一想到明日的分离，心中又是多么的煎熬。回想起相处的时光，作者与学友们，抚琴吮墨，共邀明月，把酒问青天，是多么的豪迈，又是多么的欢愉，与李白"举杯邀明月，对影成三人"的孤独情景形成鲜明的对比。

下阕，作者用充满思绪的感情，流畅自然的语言，用一种极富回环错综之美的艺术形式，进行明理的表达。词意由酒写人，由人写月，由月明理，用一连串行云流水般的叙述方式，将明月与人生明理相对照。尤其是"嗟叹苦短，月光轮圆缺"一句，大有苏轼在《江神子·冬景》中"对樽前，惜流年"之意，让人在诵读时，得深沉悲慨之感，意味有所郁结。使我们能感同身受地体会到，作者在把酒言欢之际的随事触发，使我们与词人一起，感叹时光易逝，感叹时空的虚无，流露出"月光轮回，人生几何？"的人生感悟，充分地表达了离别时情感活动的结构模式——难舍难别、悲凉沉郁、倍加冷落、空洞虚妄。

赏读全词，极易勾起我们对于朋友知己惜别时的"伤别离"的情绪，使人能结合自身的经历回忆，一同沉浸于自身与朋友分离时渺茫、沉郁、空阔的心理情境，激发人们心中思念故友、怀念知己的相思之情，让我不禁感慨：人生得知己，足以慰风尘。

回想刚步入农信事业大门之时，一群朝气蓬勃、有理想、有志向的年轻人，一同聚集到桐子坝巷5号，在那朝夕相处的32天时间里，我学会了感恩，收获了友情，得到了成长。正如作家村上春树所说那般："你要记得那些黑暗中默默抱紧你的人，逗你笑的人，陪你彻夜聊天的人，坐车来看望你的人，带你四处游荡的人，说想念你的人。是这些人组成你生命中一点一滴的温暖，是这些温暖使你远离阴霾，是这些温暖使你成为善良的人。"

小重山·祭炎帝神农氏

盘古开天到现生，神农恩惠在，赐光明。
刀耕火种五谷茗，尝百草，播撒世间情。

天下第一陵，躬耕尊始祖，善德成。
太平盛世乐丰盈，创奇迹，文化再传承。

【题释】

　　炎帝陵祭典已成为传承炎黄文化，凝聚民族情感的重要载体，每年清明或重阳节，在炎陵县炎帝陵举行大型祭祖活动已成定例。2010年10月16日是农历重阳节，正逢世界粮食日，又是世界消除贫困日，全省爱粮节粮宣传周系列活动之一——公祭农耕文化始祖炎帝神农氏在炎帝陵进行，中国"杂交水稻之父"袁隆平为公祭点燃圣火。全省粮食系统代表和当地干部群众1000多人共同参加和见证祭祀仪式。农关国体，粮系民生，弘扬炎帝功德，心系黎民百姓，管好天下粮仓，是天地粮人的使命。

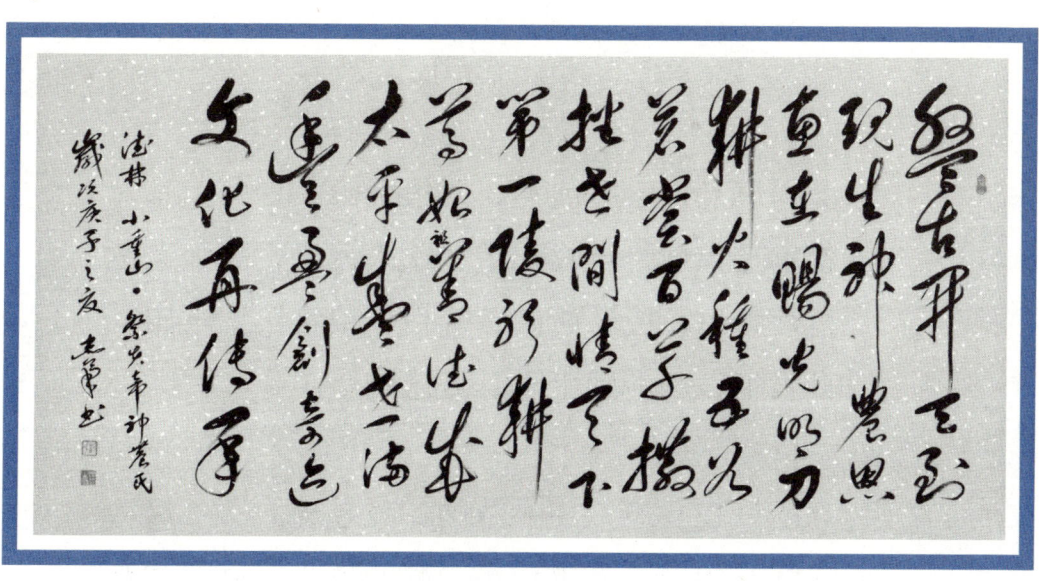

中国书法院一级书法师彭杰菊书

沁园春·收粮

南国风光，千重浪涌，万里金山。

看稻菽飘烁，丰收在望；铁人镰舞，高涨迭掀。

百姓之思，民心所向，千百"粮官"忙下田。

日当午，观赤膊上阵，意志刚坚。

高温昼夜登攀，引无数同仁竞领先。

道同开福口，齐书粮策；凝心聚力，欣喜愉欢。

沧浪为尊，八仙飘海，笑看天空云叶闲。

莫等待，到实践中去，成就非凡。

【题释】

2013年盛夏，南方早稻丰收。而受东南亚进口大米冲击和舆情影响，销售受阻，价格低迷。中央适时启动保护价粮收购，切实维护农民利益。收粮之际，南方罕见的持续高温，让原本艰巨的任务更加严峻。地处长沙湘江沿岸开福寺路口的湖南省粮食局机关践行党的群众路线教育，粮食系统千名干部下到收购库点指导监督协调，认真落实国家收购政策，凸显了天地粮人崭新的精神风貌。

【注释】

开福口——长沙开福寺通往湘江边的路口，湖南省粮食局机关所在地。

【哲思】

走出引导粮食消费的误区

粮食消费的误区，直接或间接地威胁粮食安全。

我们平常去餐馆吃饭，大家都很环保，点菜尽可能多地选择野生蔬菜。据说红薯是不施农药的，那红薯叶就成了餐桌上的宠儿，价格一路攀升。在我们老家，红薯叶过去只是喂猪的辅料，或弃之野地，一文不值。如今，在五星级酒店卖到了几十元钱一盘，而酒店的米饭钱是可以不算的，有的地方只是象征性地收过一元一碗。在一些机关公共食堂，如今仍然是买菜要付钱，而饭是可以敞开供应的。我时常纳闷，饭菜不分家，菜固然重要，饭就那么不值钱吗？谷贱伤农啊！粮食的这种可怜地位哪有安全可言？

粮食浪费严重，潜伏着巨大安全隐患。据调查，仅北京一天的剩饭就达1600吨。中国农业大学对全国22个省574个县粮食产后损失进行的一次抽样调查表明，我国粮食在收割、储藏、调运、加工、销售和消费中的总损失达18.2%。也就是说，全国每年约有850亿公斤粮食在收获后被浪费。有人曾经算过这样一笔账，一公斤大米约有4万粒，我国除婴儿外的13亿人口，如果每人每天节约

1粒米，全国每天就可以节约32500公斤大米，每年可以节约粮食1200万公斤，可以养活35000人，相当于开发良田12000亩。我们过去关于粮食安全问题的争论，总是围绕"多了少了"喋喋不休。有些人甚至发出了"粮食多了不得了，少了也不得了"这样的感叹。我觉得问题不在这里，我认为一切都是粮价过低惹的祸。粮价适度上涨，对工作在城市里的中高收入群体的影响，其实微不足道。真正需要政府照顾的，只是低收入群体。只要低收入群体生活水平不下降，粮食涨价就无伤大局。面对粮价上涨，政府最应该作为的是补贴低收入群体。政府不应该也没必要以牺牲农民的利益为代价，给中高收入者额外福利。那样，看似公平，却有违分配公平原则。

在粮食转化问题上，也不同程度地存在着一些误区。

过机转化，通过机械加工，丰富品种，提高品质，使精细化越来越高。而加工越精，营养成分就损失越多。过分精细食品的摄入改变了人们的生理机能，使人们适应环境的能力变弱，体质反倒越来越差。受经济利益驱使，人们又往往不节制地追求粮食深加工。一方面加工需要增加成本，从而带来价格上涨，另一方面，低收入消费者又缺乏购买能力。当前国际上最突出的问题是加工食品丰富而原粮短缺，二者的矛盾使危机加剧。

过腹转化，通过养殖业，使粮食转化为肉食和动物奶，这在一定程度上提高了人们的生活质量。但问题是，一方面，对肉奶制品的过分依赖，富贵病越来越多，危害人类健康，增加巨大的医疗成本，另一方面，养殖业特别是工业化圈养，看来似乎是节约了耕地，但对耕地和水资源的掠夺远远大于种植业本身的代价。现阶段，由于工业化养殖过分膨胀，我们在玉米、大豆等品种上对国际市场依赖度较高的现实是难以改变的，过分依赖国际市场潜伏着巨大风险。同时，在一些地区，对自然生态的破坏也是毁灭性的。因此，保持膳食结构均衡的消费取向，对粮食安全极为重要。

生物转化，通过生物工程，使粮食转化为生物能源，这对节约不可再生资源缓解能源危机起着辅助作用。但新一轮世界粮食危机给生物能源敲起了警钟，用粮食开发生物能源是否代价太大了？尤其对于我们这样一个人口大国来说，用粮食制作生物能源，要坚决叫停。

此外，替代消费也是我们要关注的倾向。越来越多的人，从美容保健的角度出发，追求用果蔬代替主食，虽然直接节约了粮食消耗，但这不仅对自身造成伤害，而且经济作物占用耕地对土地性质的改变是不可逆转的。用基本农田开发经济作物理应慎重。自然和人类生存发展的规律告诉我们，五谷杂粮的地位是任何东西所替代不了的。

走出引导消费的误区，让粮食消费更好地回归自然，应当是人与自然和谐相处的理性选择。

清平乐·参政议政

老友新面，良聚思无限。
问讯社情民意暖，行九十而百半。

委员来自三湘，参政我有主张。
迈步小康博辨，彰显国事担当。

【题释】

2013年1月24日是政协湖南省第十一届委员会第一次大会开幕日。政协大家庭是人才汇集的地方，我有幸再次被推选为新一届省政协委员，无上荣耀。

贺新郎·别友

眺望湘江去。

画帘开，水天一色，晨风倾注。

眸睫眉梢均苞爱，含泪藏禁不住。

似领会，无需唇语。

放眼碧波云与雾，有志同挚友吾和汝。

天有命？不知否。

飞歌柳岸从头叙。

橘洲头，江天映月，透清如许。

醇酒三杯心儿醉，从此浪帆新旅。

便回首，无边思绪。

莫笑书生心胆怯，正当年呼唤春雷雨。

共祝愿，爱相处。

2014年12月15日，省委决定调我到湖南省农村信用社联合社工作。回顾省粮食局八年多的工作经历，感慨万千。学到了不少，结识了众多。新的岗位，会有新的挑战，但我始终会踏着人生社会的实际说话。结识新朋友，不忘老朋友，珍惜好朋友。

【赏析】

人生如诗　人生如歌

陈学坪

我一直认为，邓德林先生是一位有情怀的领导。

首先，粮食工作是一项一头连着生产者，一头连着消费者的工作，粮食收购、储存、销售、加工等诸环节涉及的资金、补贴、监管等工作离不开政府和有关部门的支持，没有悯农的情怀，没有对粮食事业执着的情怀，是放不下身段，也做不好粮食工作的。2006年5月，邓德林作为全省五名"优秀县委书记"之一从津市市委书记升任省粮食局副局长，一干就是八年多，一直到2014年12月调任省农村信用合作社任党委副书记。这期间，邓德林的足迹遍及全省各地与众多的粮食企业，为粮食事业付出了他的智慧与汗水，尤其是组建湖南粮食集团和湖南军粮集团，是他的画龙点睛之笔，充分体现了他的改革创新意识，赢得了广泛的赞誉。

同时，邓德林先生也在繁忙的工作之余，一直保持着"书生"的本性，尤其喜爱诗词写作。颇有人文情怀与儒雅风度。作为他的湘潭大学校友，并在省粮食局作为他的部下共事多年，常常有幸先睹他的诗词，他也总是非常谦虚地让我提出修改建议。

《贺新郎·别友》这首词写作于邓德林先生2014年12月从省粮食局调任省农村信用合作社之际，即将告别工作了八年多之久、倾注和奉献了青春热血的岗位，作者感慨万千，思绪难平。词的上阕，作者清晨伫立在即将离开的粮食局，凭窗眺望湘江北去，如画的江景展现在面前，山含情，水含笑，一草一木，仿佛都会说话，舍不得老朋友。此情此景，作者禁不住泪水打湿眼眶。此时此刻，作者一定是回想起了在省粮食局工作八年多的点点滴滴，乃至之前在益阳市、常德市工作二十多年的青春岁月吧，个中的酸甜苦辣知音有几多？至此，作者笔锋一转，由景抒怀，对命运的感慨、对个人得失的释怀，感慨志同道合者无须多言，自然理解作者的离愁别绪与复杂心情。

如果说词的上阕是作者对过去岁月的回眸，那词的下阕则体现了作者对即将赴任的新的岗位的期待与乐观主义精神。在橘子洲头江畔，在"江天映月"的夜晚，作者与好友对饮，微醺之际，尽管也有对新领域的一些"忐忑"，但更多的是对前程的憧憬，作者借酒抒怀，许下了"从此浪帆新旅"的愿望，抒发了"呼唤春雷雨""正当年"的豪情。

通观全篇，作者由景写情，借景抒情；由景寓意，抒怀明志，充分体现了作者对峥嵘岁月的感怀，对故交老友的情愫，对事业的执着与担当。字里行间，书生意气，情思绵绵。体现了作者较为深厚的文字功底与文学素养。

一望无际的湘江和连绵起伏的稻浪寄托着邓德林先生的事业与理想。祝愿邓德林先生人生如歌，高歌猛进；人生如诗，诗意盎然。

※作者系湖南省粮食局二级巡视员。

水调歌头·农信改革

怀抱改革志，冲破万重山。

农商银行崛起，农信换新颜。

四万员工勤进，更有德泽政沁，协力度难关。

往事匆匆过，辛苦不觉艰。

号声起，文风转，寝难安。

岁光似箭，宏业成就弹指间。

师奋三湘急切，戴月披星不懈，一路凯歌传。

世上无凡事，开辟麓云端。

【题释】

2015年5月25日是湖南省农信联社成立十周年纪念日。十年来，我们始终坚持用改革促进发展，开创了全省农村信用社改革发展新局面。近年全省农村信用社新一轮产权改革已取得阶段性成果，当前正进入推进改革的深水区和攻坚期，面临的困难和问题多，需要应对的压力和挑战大。"惟改革者进，惟创新者强，惟改革创新者胜。"只要我们积极应对，主动作为，就一定能开创一片崭新的天地。词中"志、勤、德、文、师、凡、开"分别取自时任班子成员姓名中一字。

【赏析】

为有源头活水来

方　志

2015年5月25日，是湖南省农村信用社联合社成立十周年纪念日。湖南省农村信用社新一轮产权改革当时已取得阶段性成果，正进入推进改革的深水区和攻坚期，各种思想观念的障碍和利益固化的藩篱恰如一片酷暑让作者心潮起伏。前所未有的困难和压力勾起了他浓烈的诗情，不禁纵笔写下了《水调歌头·农信改革》，以表明湖南四万农信人的态度和斗志。

白居易说过："文章合为时而著，歌诗合为事而作。"《水调歌头·农信改革》是一篇忆改革而思往事，励斗志而抒豪情的壮美辞章。整首词大笔写意，意境雄浑，叙事、抒情浑然一体、一气呵成，寥寥数语，就把团结一心的坚定信念尽收眼底；几个画面，就把错综复杂的改革历史娓娓道来。

"怀抱改革志，冲破万重山"是上阕内容的总领句，作者满怀激情、希望和信心：志之所趋不可阻，穷山距海不能限，改革发展是决定湖南农信未来命运的关键一招，一路风雨兼程，一路澎湃前行，全系以逢山开路、遇水架桥的坚毅和勇气，克服千难万险，冲破重重阻力，回头看竟是"轻舟已过万重山"。读来使人荡气回肠。作者以欢乐赞赏的笔触挥写改革成果："农商银行崛

起，农信换新颜"，我们成功开启了新的壮阔征程，开创了新的前进道路，开辟了新的发展空间，走向充满希望、充满生机的广阔新天地。诗词中，处处彰显着他的人民立场，人民大众是诗词的绝对主角，是他浓墨重彩尽情讴歌的对象。"四万员工勤进，更有德泽政沁，协力渡难关"，作者用如椽大笔塑造了农信人的群体形象，热情讴歌他们的进取精神和光辉事业，更有一种奋发的态势和竞争的活力。全体农信人将涓滴之力汇聚成磅礴伟力，以其敢于斗争、敢于胜利的信念，团结一心、艰苦奋斗的品格，不屈不挠、勇毅坚韧的气概，构筑成全面推进改革的精神丰碑。"往事匆匆过，辛苦不觉艰"，本句彰显了诗人夙夜为公、无私奉献的高尚情怀。

全省农村信用社新一轮产权改革成果显著，但作者的心情却是沉重的——"号声起，文风转，寝难安"，表露出其深深的思虑。尽管"岁光似箭，宏业成就弹指间"，但与10年前相比，当前的改革，是一场深水区改革，不仅"低垂的果子"基本已经摘完，还需协调不同利益之间的激烈博弈，每一点"获得感"都来之不易。推进改革的复杂程度、敏感程度、艰巨程度，让改革来到了一个新的历史关头。在罕见的凝重气氛和引而不发的情绪积累中，作者从心底迸发出"戴月披星不懈"的奋斗豪情！"师奋三湘急切"的动态描写，刻画了全系统如火如荼进行改革的奋发姿态，我们也从辗转反侧的忧思中感受到作者锐意进取的奋斗韧劲与不畏艰险的必胜信念。"师奋"二字，力度极强，写出队伍之雄，行动之勇，写出改革摧枯拉朽之势，笔力雄悍，极有刚健劲道之美；"急切"二字，强化了四万员工热切期待、积极投身改革浪潮的浩大景象。回首过去的峥嵘岁月，于"一穷二白"起步，在"艰难困苦"中奋起，以"砥砺奋进"打拼，变革与坚守、汗水与收获充斥在每一个农信人的心灵，我们用"日拱一卒"的韧劲和"滴水穿石"的执着，使湖南农信成为今日闪耀于三湘大地的璀璨明珠。

王国维《人间词话》中说："词以境界为上。有境界则自成高格，自有名句。"诗词的魅力无限，既源于作者的阅历丰富与功底深厚，即刘勰《文心雕龙》所言"积学以储宝，酌理以富才，研阅以穷照，驯致以怪辞，然后使元解之宰"；更在于精神崇高，诚如清代沈德潜《说诗碎语》所说"有第一等襟抱，第一等学识，斯有第一等真诗"。我以为，本首词的"词眼"则在末句踌躇满志的感喟："世上无凡事，开辟麓云端"，既同起句"怀抱改革志，冲破万重山"相呼应，又深寓着对改革创新的上下求索和不屈不挠的奋斗精神，意境高远，余韵悠扬，使人感受到生生不息的活力。惟改革者进，惟创新者强，惟改革创新者胜。只要我们积极应对，主动作为，就一定能开创一片崭新的天地。

综观整首词，《水调歌头·农信改革》以壮阔宏大的诗境，昂扬振奋的豪情，艺术地描绘了农信改革的奋斗历程，热情洋溢地赞扬了农信人不畏艰险、英勇顽强的拼搏精神，唤起全系统为推进改革不懈奋斗的英雄气概和高尚情操。全词无论忆旧、议论、记事，都紧紧系于农信改革的思想主线，主题鲜明，羽翼丰盈。词中人物之风采、事迹之卓绝、情感之豪迈，三者格调一致，相互辉映，建构浑成，淋漓尽致地表达了改革创新的波澜壮阔与精神价值。别具一格的文风，使典雅高古的旧体诗词和农信系统改革发展的历史风云高度地融合在了一起。全篇意境雄伟豪放，革命理想崇高，革命斗志旺盛。吟之，其情动人；思之，其理感人。

可谓：大用外腓，真体内充。反虚入浑，积健为雄。

作者2015年5月的这首词是表达全面深化改革的信心和决心的言志诗，是表达与积存多年的顽瘴痼疾血战到底的誓词。重读这首词，"奋斗"和"信心"久久在我脑海里回荡。

今天，我们推开新时代的大门，回望过去波澜壮阔的变革历程，为每个农信人开启了一个充满希望的未来。

半亩方塘一鉴开，天光云影共徘徊。

问渠那得清如许？为有源头活水来。

梦江南 · 启航

——贺长沙农商银行创立

新航启，秋爽日当红。
十月怀胎瓜蒂落，橘洲星夜彩花腾。
史簿载功名。

鞠旅起，众志伴真诚。
圆梦福祥希望路，至臻至善笃直行。
万里展鲲鹏。

【题释】

　　长沙农村商业银行股份有限公司在原长沙辖内望城、雨花、芙蓉、天心、开福五家农合机构基础上重组设立，自2015年10月15日启动改革以来，经过近10个月的努力，于2016年7月27日获中国银监会批准筹建。作为筹建工作领导小组负责人之一，见证湖南省最大的农村商业银行诞生。祝贺长沙农商银行成功启航，展翅翱翔！

【赏析】

行稳才能致远

长 农

时代是思想之母，生活是诗歌之源。党的十八大以来，中国经济进入"新常态"。长沙辖内望城、雨花、芙蓉、天心、开福五家农村合作银行，很快适应新的发展形势，紧扣时代脉搏，紧贴市场需求，大胆推进改革创新。新的长沙农村商业银行应运而生，在业界内留下了浓墨重彩的一笔。

《梦江南·启航》就是一阕记录这一历史性改革节点，反映新时代特色的华美辞章，是为其锦上添花的上乘之作。王国维《人间词话》谓"词以境界为上，有境界则自成高格，自有名句"，此诚不虚也。作者整首词以意境胜，以简练胜，以真情胜，鲜明之个性与强烈之时代感有机统一，高标独举，自铸清辞。

严羽在《沧浪诗话》中论诗法有云："下语贵响，造语贵圆"，吾以为此理于词法亦然。"新航启，秋爽日当红"，词的上阕开篇就为全词定下了一个温婉而又雄浑的基调，一个"新"字，一个"红"字，气韵生动，意境宏阔。更何况正值天高气爽，硕果飘香的金秋时节，此时新的航程必将是风正帆悬，未来可期。"十月怀胎瓜蒂落，橘洲星夜彩花腾"，作者直言叙事又妙喻天成，切时切景切事。十月艰辛筹建，一朝瓜熟蒂落，新的长沙农商银行不正如一个刚落地的新生命，给人以希望，给人以力量吗？其实这正是作者内心期许与幸福的真情流露。"橘洲星夜彩花腾"，对于这样一个新生命，一个新事物的出现，迎接她的是什么呢？是漫天的彩花，是胜利的豪情。"一切景语皆情语"，此处作者借景抒情，融情于景，一语双关。"橘洲"这个在近代诗词史上因毛泽东主席一句"独立寒秋、湘江北去，橘子洲头"而大放异彩的"圣地"，作者信手"借"来，自然贴切；同时，橘子洲不正像一艘乘风破浪的湖湘"航母"吗？《人间词话》论"造境"与"写境"有云："因大诗人所造之境，必合乎自然，所写之境，亦必邻于理想故也。"作者此两句足可当之，实乃神来之笔。"史簿载功名"，直接表明新行的组建必将载入银行发展的史册，必将载入金融发展的史册，也必将载入地方经济发展的史册。上阕作者写景抒情议论，三位一体，衔接自如，振起有力。

词的下阕起句"鞠旅起，众志伴真诚"。作者的笔触由外在的"物质"转到内在的"精神"层面。"五家农合行"克服前行道路的诸多困难，达成了共建共享共赢的共识，组建了新的农商银行，个中滋味必是一言难表。"弱水三千，只取一瓢"，作者敏锐地抓住其中最重要最美好的东西"众志成城"。"有志者事竟成，百二秦关终属楚"，"众志伴真诚"，有"众志"而后，还不可缺失"真诚"。真，不假也；诚，信也，二者相辅相成，相得益彰。长沙农商银行改革重组顺利实施，确是众志成城、同心同德之结果。"真诚相伴，与您同心"更成了银行的营销发展理念。此处作者高屋建瓴，短短数字，尽得风流。"圆梦福祥希望路，至臻至善笃直行。"一个人、一个集体、一个国家都有自己的梦想。长沙农商银行在希望的路上圆了自己的"创立"梦，站在新的起点，又有了新的梦想、新的希望，怎样才能更好地行得稳，行得远？那就要怀抱至臻至善之理念，不忘初心，一直锲而不舍地走下去。"山再高，往上攀，总能登顶；路再长，走下去，定能到达"，这里作者巧妙地将意境与哲理融合，又体现了老一辈创业者的热情勉励与殷切期望。

王夫之在《姜斋诗话》中论诗的"势"："势者，意中之神理也。……宛转屈伸，以求尽意，意已尽则止，殆无剩语。天矫连蜷，烟云缭绕，乃真龙，非画龙也。"词的结尾"万里展鲲鹏"，一语乃"势"之使然。因诗人前句甚至前面所有语言，已经蓄势，充满张力，此处不可不发。"大鹏一日同风起，扶摇直上九万里",作者匠心独具,用典创新,此处非语"鲲鹏"也,乃语"事业"也,读之幽情与华彩并流,再读之逸韵共神思俱发,非大家不可为之。

词的创作殊多不易,是创作主体胸次、学问、才情、功力的综合表达。《梦江南·启航》全词以像造境,以境寄意,以意取胜,别开生面,自成高格。更难能可贵之处在于"一滴水折射太阳的光辉",把新时代伟大的改革事业,通过一个小的切入点来反映,举重若轻,驾轻就熟,风骚独领。

捧读作品,抚今追昔。当明白金融活,经济活;金融稳,经济稳。经济是肌体,金融是血脉,两者共生共荣。长沙农商银行成立近五年来,认真贯彻落实国家乡村振兴战略,全面融入湖南"三高四新"发展战略,充分发挥地方金融主力军的作用,主动服务"三农",倾力支持实体经济,努力塑造"普惠银行、智慧银行、工匠银行、生态银行、精品银行、爱心银行"六大品牌,走出一条与时俱进的特色发展之路。正可谓:志坚方可励行,行稳才能致远。

阮郎归·紫荆花

紫荆花艳绚斑斓，风骚仍宛然。
桑田沧海历弥坚，东方不夜天。

潮汐涌，海涛掀，迎风更易恬。
心心相印手相牵，同根血脉连。

【题释】

2016年12月在香港金融管理学院学习半个月，有时间到处走走看看。这是香港回归后第三次来香港，每次都有新的收获。倚窗俯瞰维多利亚港，东方之珠，历经沧桑，永远不变黄色的脸。

烛影摇红·往事从头

柳浪花朝，故情重觅心激荡。

三十八载忆犹新，可笑当年莽。

岁月何须怅惘，迈新步，初心不忘。

清风舒展，一派春光，千杯欢唱。

【题释】

借清明前去乡下祭扫的机会，我于2021年3月27日（农历二月十五花朝节）携家人去我工作的第一站原沅江县普丰公社居地探寻。由于区划调整，几经变迁，房屋尚在，然而物是人非。喜在社会主义新农村建设，农村面貌焕然一新。往事从头，徐徐春风，神清气爽。

跟着感觉走

成家立业,三十而立。人生的方向在三十岁以前基本定格,最重要的抉择是三个时期。一是报考大学选择什么专业?二是就业选择什么职业?三是选择什么样的伴侣陪伴终生?

我们大学毕业那时,虽然是包分配,但也可以有自己的意向。在我面前有三种选择:一是留校或分配到别的院校教书;二是到大机关工作;三是到部队或农村基层锻炼。我本意是想留校的,突然有一天辅导员找我谈心,省委组织部来校物色下农村基层锻炼的人选,如果我不反对,学校就推荐我,我说让我考虑考虑。过了几天,身穿军装自称是原广州军区政治部的人也直接找到我,希望我去部队,桂林陆军学院学习一年后当见习排长。说心里话,穿军装也是儿时的梦想。到了这个份上,我感觉到愿意与否,去基层的命运似乎是难以改变了。静静地等待组织的挑选吧!

能透彻认识世界的是圣人,认识世界并能改造世界的是伟人,对改造世界有所贡献的都是能人。其实,我们凡人都是改造世界的一分子。我从小生活在农村,在经济极不发达的年代,耳濡目染了农村父辈们生活的艰辛。虽然谈不上什么远大理想,但从小立志发奋改变现状。大学时,我发起组建了"哲学与现实"研究会,毕业论文撰写了《青年毛泽东历史观探讨》,把枯燥神秘的哲学命题放到社会现实问题中去思辨,这些潜质似乎奠定了我人生的走向。

人生会有很多无奈,其实选择也无所谓对错。跟着感觉走,紧抓住梦的手,初心不改,勇往直前,不负韶华。

卜算子·走韶山

寒风凛冽高，莫道春来早。

月壤含情居韶峰，舒袖嫦娥笑。

玉絮纷飞花，铁骨青松傲。

待到杜鹃映山时，极目霞光好。

【题释】

2021年12月26日是毛泽东同志诞辰128周年纪念日，湖南省农信联社团委参与湖南广播电视台发起"行走初心之路"徒步到韶山活动，我们顶风踏雪，克服重重困难，是第一支率先到达韶山毛主席铜像广场的队伍，又有幸成为首批目睹月壤的游客。毛主席"九天揽月"的豪迈气概激励着我们笃定前行！

水调歌头·重上党校

老骥千里志，重上德政园。

梦中神圣殿堂，红院换新颜。

到处春光浪漫，更有鸟鸣燕转，曲径入云端。

登上麓山顶，星城尽眼帘。

春雷震，万灵动，数人间。

瞬间一纪，岁月好似在昨天。

一带一路伟业，三湘四水奏乐，谈笑谱诗篇。

绘就新湖南，辉煌凯歌还。

【题释】

2019年3月6日（惊蛰）撰于湖南省委党校德政园。

【注释】

①德政园——湖南省委党校东区。②一纪——12年。③麓山——岳麓山。④星城——长沙别称。

湖南省社科院党组副书记、副院长贺培育先生书

品味风情

一步一诗千画卷

武陵春·芙蓉镇

古镇芙蓉风韵逗，土家吊脚楼。
楚蜀通津荡客舟，瀑布挂城头。

青石板街百回转，豆腐米香留。
小小背篓笑晃悠，木叶逸情柔。

【题释】

1993年6月1日首次到芙蓉镇。芙蓉镇，本名王村，又称"挂在瀑布上的千年古镇"，地处武陵山区，位于湘西永顺县境内，因电影《芙蓉镇》闻名。

【注释】

木叶——土家族人民喜爱的单簧气鸣乐器，也是土家族青年表达爱恋的一种工具。

湖南省青年书法家协会主席胡伟先生画

离亭宴·意大利游记

地中海风如画，时尚米兰飘洒。

小橹摇曳威尼斯，枕水无忧尖耍。

斗兽古罗马，风花雪月融化。

圣母爱心无价，大卫裸神纯雅。

蒙娜丽莎雍容贵，比萨斜塔佳话。

文艺复兴潮，一代帝国西下。

【题释】

2004年9月欧洲十二国游，印象最深的还是意大利。无论是威尼斯水城、佛罗伦萨，还是罗马古城遗迹，无一不留下古罗马帝国昔日的辉煌。文艺复兴的兴起，造就了达·芬奇、米开朗基罗、拉斐尔等一批杰出文学艺术家。文艺复兴思想解放运动解除了宗教对人类思想的长期禁锢，促进了人们对科学的认识和思考，被尊为"现代科学之父"的伽利略在比萨斜塔上做的自由落体试验成为时代佳话。科学改变人们的生产生活，加速了资本主义的发展，封建王朝江河日下，历史车轮滚滚向前。

【注释】

词中引用的《蒙娜丽莎》《大卫》《圣母加冕》分别为达·芬奇、米开朗基罗、拉斐尔名作。

风入松 · 仰望喜马拉雅

消融夏日炙骄阳，青稞飘香。

珠穆朗玛苍穹剑，水波烟、缓缓流长。

雪域境临梦幻，仿佛人间天堂。

翻身农奴藏歌煌，几度篇章。

而今格桑花开盛，还要那、无限思量。

神鹰九天翱翥，巅峰旗帜飘扬。

【题释】

2005年6月到西藏一游。夏日的西藏，尽管烈日当头，当欢歌在广阔流淌的河水边，仍心旷神怡。一睹喜马拉雅山的雄风，生起无限的敬仰。

138

苏幕遮·草原有约

素秋黄，羊马见。

原上相约，千朵白云卷。

点点毡包天际远。

葛尔古那，悠逸山河恋。

马头琴，蒙古汉。

猎骑奔驰，追媲横弓箭。

大雁南飞一长串。

奶酒壶觞，一醉真情酽。

【题释】

　　应呼伦贝尔陈巴尔虎旗和莫力达瓦达斡尔族自治旗两位主官同学的邀请，我与他们2005年9月初相会在金秋的大草原。在额尔古纳河边洁白的蒙古包，体验了一把肥羊美酒和蒙古歌舞的盛宴。这是我第一次眼见茫茫的大草原，虽然秋草渐黄，但同学情谊可鉴。

如梦令·长白山天池

天池白云缭绕，

箭步登峰铭昊。

云卷雾舒时，

潋滟水光奇妙。

天造！

天造！

指点江山言道。

【题释】

　　长白山天池乃神山圣水。2005年9月3日，天朗气清，一行兴致勃勃登长白山观天池，而到了山顶却云雾飘逸，"一片汪洋都不见"，扫兴下山。中餐后实不心甘，再次登山，还是无果，依依不舍返途。行至半山小憩，路边轿夫坚持要抬我上山，承诺不见天池真面目不收费。稍等片刻，轿夫叫声"坐稳"，箭步冲上山顶，顿见云收雾敛，清澈碧透，一平如镜，五色斑斓，波光岚影。功夫不负有心人。

拜讀德林詩詞篇心生敬意甚贊嘆
常作不懈數十年處處有心不簡單
經歷見聞透亮眼實踐感悟出心田
思想情感融其間田望歷史咏流傳
洞察社會善思辯點滴人生成精典
惟楚有材盛名顯美詩佳詞待來年
辛丑季夏月於北京趙棋山

中央党校原正局级组织员赵棋山书

暗香·北国豪情

茫茫戈壁。一望无边际，大漠孤泣。

火焰山奇，葡萄沟儿坎泉沥。

大美青海湖畔，百花艳，风笙诗谛。

羔羊肥，沃土滋盛，九曲黄河悸。

水碧，昊天寂。广袤大草原，挥毫连笔。

长白山丽。天池源头久思忆。

还有松源辽阔，秋霜染，黄金铺地。

举起杯，惜友谊，暖心四季。

【题释】

2005年8月底至9月上旬，我带队到乌鲁木齐、吐鲁番、西宁、海东、兰州、呼伦贝尔、满洲里、哈尔滨、长白山、沈阳等地考察学习，拜会老乡同学，从西北横跨到东北，领略了北国风光和人文豪情，归途有感而发。

鹧鸪天·登岳阳楼

浩淼烟波欲漫天，巴陵胜状又空前。
芦尖飘荡春情盎，银针浮潜云梦闲。

龙舟赛，祭屈原，岳阳楼记美名传。
洞庭渔火欢声远，达海连江帆竞先。

【题释】

记得大四来过岳阳楼，一边吟诵范仲淹的《岳阳楼记》，一边在岳阳楼公园完成了学业小组的实习调研报告。2007年5月1日，再次登上岳阳楼，一睹现代巴陵胜状，再次领悟"先天下之忧而忧，后天下之乐而乐"。对比古人的豪迈，仍需努力学习。

洞庭渔火欢声远

徐昌才

古语云，洞庭天下水，岳阳天下楼。湖水与楼阁相映衬，时间同空间互交织，春夏秋冬，阴晴雨晦，演绎了多少波澜壮阔、气势恢弘的壮丽画卷。古往今来，文人墨客多有登楼远眺、即兴抒怀之作。

这首《鹧鸪天·登岳阳楼》，作者立足楼阁，极目天地，盛赞江山胜迹，俯仰历史烟云，亦古亦今，亦虚亦实，抒发作者万丈豪情，喷涌古今沧桑浩叹，既显得大气厚重，又见诗意曼妙。词作格调高昂欢悦，意境阔远宏大，吟咏诵读，沉潜咀嚼，给人留下悠悠余味，也澎湃读者滚滚情思。

"登岳阳楼"是词题，暗示一种登临姿态，张扬一腔博大胸襟。和万千文人一样，作者所见，无非"浩浩荡荡，横无际涯"，无非巴陵胜状，誉满天下。但是，激动之情，欢悦之兴，充盈山水，弥漫天地。一个"空前"，是前无古人，横空出世；是"胜状"犹在，超凡脱俗。几百年前，范仲淹咏叹，"阴风怒号，浊浪排空"，"上下天光，一碧万顷"，风雨阴晴，气象万千。几百年后，作者放歌，烟波浩渺，长天辽阔，江山壮丽，熠熠生辉，抚今追昔，激情澎湃。一个"又"字，可近可远，可今可古，远指范公的"巴陵胜状"，近指作者的山光水色，更隐含作者两次登楼的印象叠加和诗情喷涌。一二两句，穿越时空，大笔勾勒，状景宏大，境界高远，给人以开阔之感，激越之思。三四两句笔锋陡转，直观眼前"胜景"微物，秀美风光，令人心生清丽之感，活力之叹。"芦尖"吐绿，针叶茂盛，春风吹拂，水波荡漾，别是一番风光在摇曳。君山如黛，茶叶繁茂，"银针"闪闪，翩翩起舞，自有美妙风姿动人心。前句的"春情盎",后句的"云梦闲",既写实描摹眼前胜景,绰约迷人,浪漫生辉,又写虚暗示心海情思,动人肺腑,引人遐思。所思者何?见仁见智,悠悠不尽。

如果说上阕写景状物,以宏大胜境震撼人心,以清新风物明媚双眸的话,那么词作下阕则叙事写人,抒情言志,以历史厚重凝聚人心,以当下欢歌展望未来。"龙舟赛,祭屈原",作者缅怀先贤,凭吊英魂,一腔正气,万古相传;"岳阳楼记美名传",作者缅怀范公,心怀天下,忧乐担当,催人奋进。屈子也罢,范公亦然,忠义爱国,一片丹心,留名青史,万古传颂。"洞庭渔火欢声远",聚焦渔歌唱晚,描眼前风光,颂盛世幸福。一幅画面,将读者带入一个和谐安宁、兴旺繁荣的美好世界。"欢声远"不只是一般的欢欣歌唱,世俗风情,更多暗示词人身逢伟大时代,心花怒放、欢欣鼓舞的豪迈之情。结句"达海连江帆竞先"就境生发,借题发挥,勾勒"百舸争流"、千帆竞发的壮观场面,展望"连江达海"、奋勇向前的光明前景,很容易让人产生联想:勤劳、善良的中华儿女,不也是众人划桨,放声歌唱,同心协力,奋勇向前吗?祝愿他们,意气风发,一帆风顺,划向壮丽辉煌的明天。

明天在哪里,作者没有给出答案,答案蕴含在洞庭山水之中,蕴含在风光景物之中。"芦尖"荡漾着希望,"银针"飞舞着向往,"渔歌"欢唱着盛世,"船帆"飘扬着幸福。此时此刻,江河湖海,山峦天地,春意盎然,生机无限。"江山如此多娇",令华夏儿女竞折腰!

※作者系中国作协会员,中国少数民族文学学会侗族文学分会副会长,湖南省作协教师作家分会副主席,长沙雅礼中学高级教师。

醉意里的精神乐章

李晓明

岳阳楼坐落在湖南岳阳市西北高丘上，"西面洞庭，左顾君山"，与黄鹤楼、滕王阁同为南方三大名楼，历代迁客骚人，登临游览，莫不抒怀写志，德林先生也不例外。从记载的时间测算，这首词作是德林先生大四期间在此完成学业小组实习调研报告后，时近二十余年再登岳阳楼所作，这么脍炙人口的篇章，使改革开放中的岳阳楼更添一层迷人的色彩。

从词的上阕可以领略，词人首先描写岳阳楼四周的宏丽景色。登上岳阳楼，西面烟波浩渺的洞庭湖，湖面浩荡开阔，汪洋无际，流向茫茫远方。远望西南面的巴陵，天边景色尽收眼底。所谓站得高，望得远，形象地表明了词人登高望远的另一番心境，既包含着多少年来词人对此地的无限留恋，又充满了对湖湘大地深沉且透彻的爱。从结构与句式的用法来看，词人没有从正面写高楼的宏伟，也没有写高楼的巧夺天工，实则高楼的磅礴气势早已在词人心里涌动，这是一种旁敲侧击的衬托手法，此处运用，妙不可言。

在接下来的第三四句中，词人沿着登楼后的感觉，继续写湖边独特的美景，但此时的视角，却从自然景观中很有意识地跳跃出来。你看，芦尖在飘荡，让人产生无限的遐想；君山的银针，透过碧绿的茶园，已闻到了茶香的味道。这是一个物产丰富的地方，这是一个让人迷恋而又充满想象的地方。尤其是春风吹拂下的洞庭湖畔，蓝天、白云、远山、近水、美物自然地连接在一起，构成了一幅春意盎然的画卷。词人凝望眼前的一切，仿佛在天上云间一般。在词句用法上，词人再一次用衬托手法写楼高，夸张地形容其高耸入云的感觉与状态。尤其是凝望着那些养育一方乡亲的物产，词人在深思中已充满无数种幻境，比如品尝一口君山银针，再品尝鲜嫩可口的芦尖，诚然，词人似乎有些醉了。

而在词的下阕，词人首先抓住地域文化的特色与特征，寥寥十三个字，道出了几千年湖湘文化的底蕴。一则记述了龙舟赛的历史渊源与淳厚的民俗文化；二则词人别有用心，从龙舟赛的纪念活动中，勾出了对伟大爱国主义诗人屈原的缅怀；三则道出了岳阳楼记的历史与时代意义。反复品读这段文字，似乎窥见词人在遐想中忧患于民的精神风貌，同时在承上启下中沟通了古今的界限。尤其是"岳阳楼记美名传"，不仅阐述了岳阳楼是中华传统文化的一座丰碑，更重要的是将"去国怀乡、忧谗畏讥"的爱国主义精神；"不以物喜、不以己悲"的正确价值观；"进亦忧、退亦忧"的责任担当意识；"先天下之忧而忧，后天下之乐而乐"的牺牲奉献精神予以深刻诠释，让读者精神上产生强大的共鸣。对词人本身而言，可从文风的节奏中感受词人的精神性格，同时也表现了他美好的精神追求，高超的志趣情怀。

最后一句词人通过热烈欢庆的画面，表达人们对美好时代的喜悦与欢乐，表达湖湘儿女不忘历史，追逐梦想，胸怀天下，忧国忧民，敢为人先，可歌可泣的精神乐章。同时，也表达了词人爱国敬业的内心世界，以及热爱家乡的真挚情感。登楼没写楼，引用古人古事抒发心境，这两点是此词不同凡响之处，也正是德林先生运笔深厚的精彩。

时至今日，距范公雄文问世已近千年，历经千年的沉淀，我再一次从德林先生的词作中，读到了这种古仁人之心里所蕴藏的忧乐精神。全词借景抒情，流畅自然，言辞清爽，立意于兴，其想象可以自由放飞，而想象的天地又是那么无限，那么广阔，那么充满情感，那么神韵悠扬。

※作者系法学博士，教授，怀化学院沅水流域民族文化博物馆馆长，贺州学院兼职教授。

少年游·少林寺

日出嵩岳绛云高，满目野花娇。
尘心清静，僧佛含笑，精武领风骚。

冬去春来经霜雪，年少自逍遥。
百炼深修，气豪胆壮，风雨一肩挑。

【题释】

嵩山少林寺是中国佛教禅宗祖庭和中国功夫的发源地，被誉为"天下第一名刹"。从前对它的了解仅限于电影《少林寺》，2007年5月，亲身游历少林寺，感受非同一般。

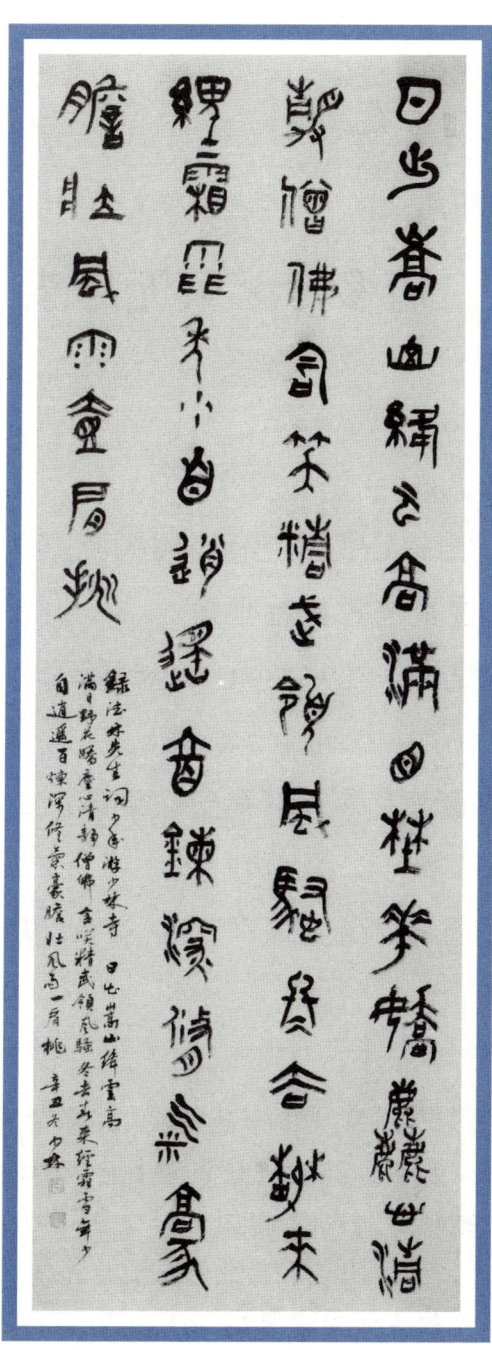

湖南省书法协会理事、长沙市天心区人大常委会副主任、文联主席张少林书

唐多令·天无尽头

东海无尽头，浪高任风流。

漫长嗟，梦远驰舟。

纵海飞花兵百万，心激荡，写春秋。

茫杳天尽头，秦皇曾到游。

未暮年，又著新愁。

箫剑封疏疆域在，古今事，几时休？

【题释】

　　2008年8月16日参观成山头时所撰。山东荣成成山头，又称天尽头。成山头是我国大陆最早看见海上日出的地方，自古就被誉为"太阳启升的地方"，有"中国的好望角"之称。秦始皇称这里为"天之尽头"，曾两次巡游至此寻求长生不老之药。浩瀚苍穹，无边无际，而人的生命是有限的。天之道，损有余而补不足，一切都要遵循自然规律。

150

【赏析】

怀古慨今　文采斑斓

郭　辉

德林先生是益阳人，和我是老乡。他早期在益阳工作时，我在报刊读过他的文章，他的诗词涉猎广泛，有时政之感，有乡里乡情，有他乡胜景，有青年之梦，还有农闲乐趣与友谊抒怀，这些所见所闻所感，在他笔下总是让人倍感清新，点燃激情，耐人回味。

今再读德林先生《诗词百首》，对其《唐多令·天无尽头》多了几分感叹。这首词是一首怀古之作，读之意境悠然。词人身临其境，登高望远，海阔天空，遣意骋怀。

上阕起笔不凡："东海无尽头，浪高任风流。"唯其海无涯，浪无边，方能显出英雄本色。"梦远驰舟"，"纵海飞花兵百万"，要成就千秋伟业！下阕笔锋一转，取秦始皇两次巡游至此寻求长生不老之药的典故，有旧憾，有新愁，违背了自然之道，必是欲得而不可得，以一种深刻的辨析，诠释了为什么风流总被雨打风吹去。最后两句是对历史的诘问，也是词人的感慨系之，怀古慨今，收束了全词。

此词很有思想深度，笔触也可谓是文采斑斓。例如"纵海飞花"，例如"箫剑封疏"，着笔简洁明快，行云流水，信手拈来，恰到好处，颇见文字功夫。尤其令人称道的是，词家胸中有文墨，下笔生古意，在当下的格律诗词写作中，这一点尤其难能可贵。

※作者系国家一级作家，著名诗人，原益阳市文联主席。

鹧鸪天·登天门洞

染露晨光日正红，武陵绝顶百夫雄。
九九九道雾中转，云梦之魂影若风。

望天路，愿相逢，男耕女织乐融融。
我披霞彩仙飞去，五味人生快意中。

【题释】

去张家界远眺天门山很多次，2008年10月3日，亲身登上天门洞，如临仙境。人生五味酸、甜、苦、辣、咸都尝尽，喜、怒、哀、乐、怨乃世间常态，又算得了什么呢？身在物外，意在风中。

【赏析】

云梦嵯峨入佳词

郭红艳

　　这首词是邓德林先生2008年国庆假期游览张家界天门山景区时所作。该词意境高远、雄浑大气、笔法精妙，十多年后回头再读，仍脍炙人口，不惧岁月洗濯，充满古典诗词的质朴魅力。

　　词的上阕写景。第一句"染露晨光日正红"，描绘了天门洞清晨日出时的盛大壮丽景象，旭日东升，色调鲜明，作者对祖国大好河山的无限热爱之情溢于笔端。第二句"武陵绝顶百夫雄"，镜头由天空转向天门洞。天门洞为世界海拔最高的天然穿山溶洞，是国家5A级景区，地处张家界市永定区天门山。天门山原名嵩梁山、云梦山，三国时期因峭壁轰然洞开玄朗如门被吴王重新命名，一直吸引着历代帝王官臣、隐贤逸士、高僧老道、文人墨客前来探访游赏。作者笔下的"百夫雄"，既是对天门山嵯峨高峙、巍峨高绝的喀斯特台型地貌的写实，也是胸中山壑写虚。其描绘中有一种磅礴大气，雄浑恢弘，既有静态美，苍山雄峙，也有动态美，仿佛千山万水迎面奔腾而来。第三句"九九九道雾中转"，描写了天门山的万步云梯，被誉为"天下第一公路奇观"的"通天公路"，处处险峻，在云雾中盘旋，杂糅不露斧痕，令读者渐渐身临其境。第四句"云梦之魂影若风"切入宏观人文。

　　词的下阕咏怀。"望天路，愿相逢，男耕女织乐融融"，作者推移镜头，由远景及近景，情感变得舒缓，缓中含势，高光锁定"男耕女织"的"乐融融"原始耕织场景，用细致的描写，明晰呈现微观人文。同时，在"望天路，愿相逢"远镜头里，又蕴含着辽阔之美。此时，"云梦之魂影若风""望天路，愿相逢，男耕女织乐融融""我披霞彩仙飞去"三者纵横交织，宏观和微观两者激烈交融，再加上词者亲身登上天门洞后如临仙界的真实体验感，迸发出该词的画龙点睛之笔"五味人生快意中"对人生百年羁旅有了更深刻的认知。读来令人感佩。

综观全词，正如《四溟诗话》曰："起句如爆竹，骤响易彻；结句如撞钟，清音有余。"起句工于发端，结尾韵味深长。作者颂扬张家界天门洞的绝美风景，并因此感怀成词。字里行间，都呈现了作者超尘脱俗的美学观点，卓尔不群的审美品位，也体现了作者的豁然心境和淡泊情怀，大格局，大境界。

《鹧鸪天·登天门洞》运用高度简洁的创作手法，自然入妙，呈现了极为深远的艺术效果，不失为一首难得的描景咏怀佳词。

※作者郭红艳，笔名雪梵，张家界市作协副主席，张家界日报社副刊编辑，毛泽东文学院首届签约作家。2021年8月24日撰。

154

阮郎归·漠河北极村

茫茫雪海起波烟，北极不夜天。
莽原万顷一江拦，曾经乃祖田。

驰林海，踏冰山，醉歌舞翩跹。
大兴安岭势延绵，图强莫等闲。

【题释】

　　黑龙江漠河北极村素有"金鸡之冠""神州北极"和"不夜城"之美誉。2009年12月12日，我倚靠在有"中国最北一家"的栅栏上，眺望江北面的大片土地，那里原是我们的国土，由于清政府的腐败无能，1858年中俄签订不平等的《瑷晖条约》，使我们失去了60万平方公里的领土。"北方第一哨"时刻警醒着我们，铭记历史，勿忘国耻。

临江仙·桑巴风情

亚马孙河奔流水，舟击浊浪颜欢。

巴西烧烤味香鲜。

皓空祖母绿，女神顶天禅。

街头纵酒飞歌放，绿茵激奋喧天。

桑巴万种乐无边。

何时君再见，挥袖舞翩翩。

【题释】

　　2010年8月随国家粮食局培训团赴巴西圣保罗、里约热内卢、巴西利亚、玛瑙斯、伊瓜苏等地政府机关、社会组织、粮食企业、农村种植园进行21天培训考察，领略广袤的自然资源。公务之余，探寻土著原始风情，享受祖母绿般的碧空，品味香鲜的烧烤美食，感受豪放的桑巴热情。风景独好，何日再来？

156

临江仙·浪漫土耳其

热球腾云高飔，众山一览朦胧。
棉花堡上雪冰重。
洞穴依旧在，只是古人空。

大陆亚欧桥横，英雄自此豪情。
帝国之梦奈愁浓。
爱琴海岸憩，美在夕阳红。

【题释】

2015年国庆假期去土耳其度假，一睹曾经的奥斯曼帝国风采，从马尔马拉海到爱琴海岸，从世界自然奇观棉花堡到石窟群洞穴生活体验，从乘热气球全景俯瞰卡帕多奇亚奇貌地形到坐游轮欣赏博斯普鲁斯海峡沿岸美墅，悠哉悠哉。

画堂春·客家土楼

客家土楼称一绝，凡尘烟火不歇。
共居和睦育人杰，亘古歌诀。

莫道耕夫勤顺，神超倨傲强偪。
小康迈步铁心协，再越高节。

【题释】

　　福建永定客家土楼以其独特的建筑风格和悠久的历史文化著称于世。土楼人家，和乐融融，在建设小康社会的进程中又展现出新的魅力。2012年3月去厦门顺道一游。

客家土楼 瞬一瞥

胡伟先生画

清平乐·三会海之南

清莹耀颖，海韵椰风醒。

渺渺青波明如镜，仙境蓬莱妍影。

又到海角天涯，萧萧闪过芳华。

恰好后发优势，叠现簇锦团花。

【题释】

第一次去海南是1987年秋，绿皮火车、轮渡、长途汽车，历经艰辛；第二次去海南是十三年之后的2001年春节，改革开放后的新貌初显；又过了十三年，2013年3月再去海南，刮目相看。沿海沿边开放的后起之秀，前途无量。

画堂春·腾冲

一泓热海沸泉溶，红尘滚滚腾冲。

翡翠莹目爱缘浓，今古尊崇。

岁月不知忧世，极边侨客高朋。

风和日丽暖融融，享誉昌隆。

【题释】

　　2013年4月游腾冲时所撰。云南腾冲是我国最为著名的"地热之乡"，以"大滚锅"为代表的热海奇观国内罕见。腾冲又是国内最大的翡翠加工集散地，著名侨乡和顺被评为"全国十佳古镇"，是著名哲学家艾思奇的故乡，以优美的自然环境和厚重的历史人文享誉世界。

画堂春·彩云之南

彩云飘挂在天边，喜看叠浪桑田。
孔雀开屏似天仙，惊艳光鲜。

茶马古道幽旷，追寻岁月风烟。
民族兄弟手相牵，昂首联肩。

【题释】

　　诱人的七彩云南，曾经只有过短暂的碎片记忆。感谢云南同学的周到安排，2013年4月，从昆明到保山、普洱、德宏、西双版纳一路游览，风情万种，大开眼界，不虚此行。

望海潮·马尔代夫

白云轻掠，阳光璀璨，晶莹剔透春娇。

椰绿点睛，珍珠串绕，缤纷五彩珊礁。

赤道畅游遨。

戏与蛟龙斗，胜过鲨雕。

郎去阿雅，大洋深处水迢迢。

阵飘云雨波涛，海钓浮潜美，丰宴饥消。

无际泳池，方寸不染，日西宁静清劳。

绘就大航标。

但愿人长久，还有今朝。

洗尽凡尘忧扰，飞远展翅高。

【题释】

　　孩子备了两个多月的功课，梦想中的马尔代夫休假终于成行。2014年11月1日，一家人从广州直飞马累，在机场岛住了一晚，第二天转乘内飞一小时，再转快艇近一小时，到达离赤道仅30公里的阿雅达岛。美不胜收，不虚此行。枕水仰望星空，静心思考。人生这首"原诗"，拼的不是辞藻，而是人生的深度与厚度，注重修身养性才能至臻至善。

著名作家、画家浮石先生画

武陵春·雾漫东江

满目青丛陶然醉，雾漫小东江。
脉脉含情瞩远方，渔唱把网张。

人间仙境风和畅，花果竞飘香。
我抒诗画琢艺廊，经典咏流芳。

【题释】

2015年9月20日撰于资兴东江湖。东江湖是湖南省唯一一个同时拥有国家5A级旅游区、国家级风景名胜区、国家生态旅游示范区、国家森林公园、国家湿地公园、国家水利风景区"六位一体"的旅游区。东江湖融山的隽秀、水的神韵于一体，挟南国秀色，禀历史文明于一身，被誉为"人间天上一湖水，万千景象在其中"。

霧滿長江
陶然醉
辛丑之夏日
胡偉

胡伟先生画

渔家傲·莫扎特故乡

阿尔卑斯门庭第，萨尔茨堡生留意。

霞影流光金曲起。

深巷几，抚琴依依心淅沥。

交响梦痴飞万里，浪情之都归无计。

金色大厅花满地。

夜不寂，时光漫步心灵谛。

【题释】

莫扎特故乡萨尔茨堡——神奇的古堡，静谧的河流，远处的雪山，碧绿的原野，古朴的街巷，黄昏的晚霞，鸟儿的欢唱，深夜的星光，都给音乐家以灵魂的陶冶。一座名副其实的音乐之城。仰望星空，聆听美曲，洗涤心灵，让你恬适，让你轻松，让你深思，让你感慨，让你留念，让你陶醉，让你懂得面对波浪起伏的人生，让你生起美好的理想。2016年9月，从萨尔茨堡到世界最美的哈尔斯塔特小镇，再到维也纳金色大厅，"人生若只如初见"，值得记忆中慢慢品味。

朝中措·丝路敦煌

烽烟绝断万年空，千洞隐佛踪。
风卷鸣沙幻影，月牙泉水情浓。

时光倥偬，几番冬夏，多少枭雄。
还看当今世界，又结丝路繁荣。

【题释】

2016年国庆，梦想的敦煌终于如愿游览。莫高窟、鸣沙山、月牙泉三大奇绝成就了敦煌的历史地位和绝世价值。史上的纷争和沉沦早已封尘，而新世纪开启的丝绸之路正欣欣向荣。

卜算子·大漠胡杨

大漠深深寒，一夜黄金遍。
岁月沧桑笑从容，激越风烟变。

我入画境来，五彩炫双眼。
酒泉高昂东方红，神舟欢歌远。

【题释】

　　仰慕已久的北漠胡杨林，2016年国庆假期终于成行。胡杨生而不死一千年，死而不倒一千年，倒而不朽一千年。"守望三千年，只为等候你！"深秋胡杨，黄金织染，仙境流连，思绪万千。远眺酒泉卫星发射中心，为祖国欢歌！

卜算子·川西秋韵

天路秋韵红，满目层林静。

一步一诗千画卷，溪涧清泉涌。

丹巴藏寨情，跑马叠山耸。

几朵溜溜冰川云，墨客挥毫诵。

【题释】

2017年国庆假期，从成都出发，经卧龙、四姑娘山、丹巴，再折到新都桥、康定，欣赏川西秋色。一路向西，美景一个盖过一个，举起相机，马不停蹄地摄录。

行香子·过若尔盖草地

越过百川，云逐浪翻，九曲黄河几多湾。

疾驰草地，雾渺风烟。

万里长征，破隘险，亮明天。

今朝花海，风光旖旎，绿翠无垠马羊欢。

笙歌嘹亮，金玉银山。

皓空翱翔，美如画，漫无边。

【题释】

  2018年8月到川西北、甘南重走红军长征路，穿越茫茫若尔盖大草原，访天险腊子口，驻足九大元帅长征纪念碑，重温革命历史，缅怀红军将士，深受教育鼓舞。今天的幸福生活来之不易，理应倍加珍惜。

浪淘沙·海陵岛

红日映白帆，浪静连天。

海陵岛外现商船。

北洛秘境奇梦幻，锚远天边。

宋瓷睡千年，依旧光鲜。

海上丝路史连篇。

历尽沧桑今盛世，无限江山。

【题释】

2018年国庆期间陪同家人去广东海陵岛时所撰。迎着海风，漫步海滩，远眺海上丝路繁忙景象，为国家强盛欢呼！

【注释】

北洛秘境——海陵岛北洛湾，是海陵岛最美的海滩。

陪伴的意义

又是中秋团圆日，每逢佳节倍思亲。今早当我再次捧起《浪淘沙·海陵岛》这首词作，思绪万端。三年前，我们陪伴岳父母大人去广东阳江海陵岛度假的情境历历在目。

海陵岛以"阳光、沙滩、海水的完美结合"，被评为中国最美十大海岛之一，尤其是北洛秘境的海滩、海水、海花、海风、海韵，永世难忘。以"南海1号"宋代古沉船保护、开发与研究为主题的海上丝路博物馆具有与敦煌相等值的地位。迎着海风，漫步海滩，远眺海上丝路繁忙景象，浮想联翩。虽然一路欢歌一路情，其实心里的隐情也很复杂，除长辈外，我们都心照不宣。选择海陵岛度假，有其特殊的含义。

之前不久，查出岳父患癌症晚期，而以长期在洞庭湖区工作感染的血吸虫病为由，又让我们智慧地瞒过了老人家自己。我们为了增强老人的体质，想办法弄了些高昂的白蛋白注射，我们知道这只能是延缓生命，不可能会有奇迹发生。为了让岳父轻松地度过最后的时光，我们大家商议集体去海边吹吹海风。本想去三亚，但考虑岳母中风后坐轮椅乘飞机不便，只好选择海景不逊于三亚的海陵岛出行，高铁直达，方便轻松。

海陵岛闸坡是有名的渔港，此时又正值开鱼季，海鲜肥美，价格优廉，可以一饱口福。上午凉爽，我们沿岛逐一景点观光，午休后在宽绰的海景阳台上泡上一壶茶，傍晚太阳落山了又再出动捕猎美食。各式叫不出名的海鱼海贝，尽收盘中。为了照顾老人的饮食习惯，中间又光顾几顿老乡开的湘菜馆。土洋搭配，斟上美酒，开怀畅饮，好不惬意。佩服湖南人的"霸得蛮"精神，把湘菜开到各地，用当地菜肴做成湘菜，尤其是海鲜湘菜独树一帜，几乎火遍全国，男女老少，皆大欢喜。

在海边的每个日子，有儿女们的精心陪伴，老人心情异常兴奋。岳父偶尔也会孩童般地和儿女们在海水中嬉戏，还骑了回沙滩快摩，岳母坐在轮椅上笑看着大家，追逐着轻波白浪。晚上再去沙滩音乐广场，时不时借着酒兴嗨歌一曲，猜猜灯谜，还中了不少啤酒，一大家人其乐融融。

"请把我的歌带回你的家，请把你的微笑留下"，愉快的旅程在欢歌笑语中结束了。回家后，岳父只是坚持吃药，病魔好像很少纠缠他，似乎是儿女们的陪伴起了作用。

我老婆是长女。老人家里没装暖气，到了冬季一般都是接来我家住，过年时一大家人就到我家过。因为单位搬迁，为了方便，我们新搬到了单位旁边的小区住，可惜房子稍小，讲好今年就去他的小女家过年，而到了年关，岳父母还是坚持来我家，还说恐怕只有这一次了。果然，过年后不久，岳父就又住进了当地医院，再也没有出来。那时我老婆刚退休，平常去医院都害怕，但这次亲情高于一切，每日陪伴，妹妹妹夫和弟弟弟媳他们常常是白天上班晚上陪值。我正好在党校学习，周五下课也直奔医院，周日晚上再回学校，两个月难进几次自家门。

岳父顽强地支撑着，半醒半睡中他对家人说出不能影响我学习的话，这是否预示着他希望我能有足够的时间主理他的后事？坚持到了"五一"，我见到他时，他神志清醒，脸上泛着红润，应该是常说的回光返照。下午又进入了昏睡状态，直到第二天中午。我们始终不曾离开，我一直伏在床边抓着他的手，细心倾听着他急促的呼吸声。我偶尔换换手，他的手就不由自主地举起晃摸，生怕失去依靠似的。我尽管疲惫，但仍坚持着，抓着老人的手一刻也不放松，直到老人安静放心地长眠。

长辈年事已高，对儿女敬献的孝心，什么山珍海味，什么珠光宝气，从来是不会计较的，他们更多期望的是光阴，如果能花

时间多陪陪就心满意足了。我想，陪伴的意义是不言而喻的。握紧老人的手，让每一个灵魂从生者温暖的手心宁静愉悦地奔向极乐世界，这也许就是生命的至高境界。

2021年9月21日农历中秋

蝶恋花·借母溪

千堂湾边偎碧树，娘娘岗前一霎云飘雨。
雾绕深山岩若柱，金蝉归隐晴空去。

郎别娇妻儿失母，问讯田翁泪作黄金缕。
借母溪边蜂击絮，而今缘梦凭君驭。

【题释】

为落实国家普惠金融政策，2019年7月18日一行来到沅陵县借母溪乡借母溪村，翻山越岭，走村串户，问计民情，宣讲党的政策，了解信贷需求，开展金融服务。自然美景，淳朴民风，民情传说，给我留下了深刻印象。切身感受到精准扶贫后的农村变化，心潮澎湃。借宿民居，夜深人静，仰望星空，赋词一首。

【注释】

①千堂湾——借母溪内景点名。②娘娘岗——借母溪内景点名。③黄金缕——又名蝶恋花，词牌名，一般用来填写多愁善感

和缠绵悱恻的内容。此处是借义。④借母溪——国家级自然保护区，位于湖南省沅陵县，有湖南"九寨沟"之称。

驭梦绝域山水间

舒孝佳

　　邓老师工于诗词，其作品文笔精练，意境开阔，情感饱满，韵味悠长，品之如酒而识人生百味，如茶而知世态炎凉。他的《蝶恋花·借母溪》创作于2019年，这是我国全面建成小康社会的关键之年，也是决胜脱贫攻坚的关键阶段。词人作为湖南农信干部，在全系统积极落实产业扶贫与结对帮扶过程中，先后多次深入沅陵县乡村联系点开展精准扶贫和金融普惠工作，在基层一线具体解决各项农村扶贫工作的重点、热点与难点问题，加快推动贫困山区脱贫摘帽，充分发挥了"农信力量"，也传递着"农信温度"，他是农村"脱贫攻坚"和"乡村振兴"的见证者，更是参与者、实践者。

　　酷暑七月，词人徒步走访沅陵县借母溪村，穿行在古寨清流处、高岗云雾里，走访在蜂舍鱼塘边、茶园农庄里，穿越在历史传说中、山水画廊里。这个曾经依靠"典妻"生子繁衍生息的"绝域山陬"，通过国家扶贫重点支持和农商银行联系点帮扶，现已脱贫摘帽并开发成国家级自然保护区，被誉为"湖南九寨沟"。从神秘到神奇，从凄美到秀美，从贫困到富足，从故事到现实，词人一路所见、所闻、所思，而有感而发，用情而作。

　　此词由景起笔，兼以叙事、抒情相结合。由景生情，援情入景，景中叙事，事中寄情，呈现出借母溪原始天然的自然景观，原汁原味的民俗风情，更以一段凄婉缠绵的悲情故事，描述不同时期风雨变迁的历史画面，讴歌新时代新农村已然改头换面生机焕发的新面貌、新生活，讴歌人们脱贫致富、自主命运、走向幸福的喜悦与快乐、信心与豪情，也体现了邓老师作为词人忧国忧民的大格局和作为"农信人"亲民为民的大情怀。

上阕写景，而借景生情。开局便以空间为线，沿借母溪逆流而上，满眼山水青翠，一路美景纷呈，引人入胜，乍看颇觉"移步红尘外，归来云水间"。那古木掩映村寨人家，那变幻莫测云烟山雨，那蝉鸣鸟歌碧空蓝天，在表达上动静结合，声色并茂，尤其是七月鸣蝉展翅回旋的余音，山间云雾瞬息万变的画面，更让人身临其境，自然陶醉，衬托出借母溪那种让人心疼的自然之美、原始之美、质朴之美、动感之美。而细品又似乎隐含些许忧伤，一丝无奈与点点哀愁。千堂湾山高路遥，那一声飞向晴空远去的蝉鸣，许是对举步维艰贫穷时代的叹息。"娘娘岗"上云雨飘洒，许是"怀母亭"中儿女望眼欲穿、肝肠寸断的思念与悲伤，许是那站立成"思母杉"般的期盼与守望。词人对描写的景象寄寓感情而不一语道明，收到"含不尽之意见于言外"的艺术效果。另外，词人非常注重炼字"推敲"，"一霎"用词尤为生动，一到此境便入此景，即生此情，更感此伤。最后一个"去"字用到妙处，为下阕做好铺垫，承上启下，自然连贯。

下阕叙事抒情，而情景交融。前后两句描述借母溪天差地别的前生今世，借以讽古颂今，体现历经悲喜哀乐的直接切换，对比鲜明，并通过节奏的变化，因物赋形，随情易声，达到情感充分、真实流露的艺术表现。

还是那山岗，还是那山亭，还是那山路。她走了，妻子走了，母亲走了，一个家与幸福也走了，永远永远地走了。此今往后，想她了，只能爬上那山岗，聊以回想她走时泪雨滂沱的脸颊和不再回转的背影，幻想她能像梦里一样出现在那连通山外的羊

肠小路上……

　　词中植入生离死别一幕场景，苍凉悲伤，这是"狃花女"别夫离子家庭破碎的揪心悲痛，是穷乡僻壤百姓的时代悲哀，是"典妻"制度酿造的人间悲剧。"长太息以掩涕兮，哀民生之多艰"，触景生情，而引发词人多愁善感，不禁"泪作黄金缕"，更加渲染气氛、抒发情感，表达词人对封建制度与陈规陋习的批判，和对承受不幸与苦难山民的怜悯。

　　而接下来话锋急转，悲极而喜，节奏变化伴随着情感起伏跌宕。"借母溪边蜂击絮，而今缘梦凭君驭。"在国家脱贫攻坚和乡村振兴政策推动下，如今借母溪的"绿水青山"已变成"金山银山"，词人亲历并见证乡村振兴与"三农"发展的巨大成果，喜悦之情与奔放之气溢于言表。词人从眼前蜂蝶自由飞舞的景象，借以表现新时代借母溪人物质丰富、婚姻自由、家庭美满的幸福感，以及当家做主掌握命运的自信心。

　　"立片言而居要，及一篇之警策。""而今缘梦凭君驭"，词人以情语结，借以抒情寄慨，结语充满豪迈之气、自信之力，将词人昂扬情感推向极点，这也是词中点睛之笔，而一个"驭"则是点睛之字，即体现了一种动态美感，描写出一种飞翔姿态，更展示了一种信心力量，表现出新借母溪自由飞翔、自信飞舞、自豪飞跃的梦想与精神。

　　"功夫在诗外。"此词创作起头吸眼，承接缓和，转折突起，合意深远。运用了借喻、比拟、夸张等多种手法，风格飘逸而感情丰富，练字精准而韵律和谐，意境开阔而表达细腻，体现了含蓄精练的艺术风格。"句中有余味，篇中有余意"，其主旨思想含而不露，又忽藏忽露，意在言外，余味无穷，也是此词精华所在、美感所在。

　　※作者系全球汉诗协会、中国楹联学会、湖南省诗词协会、湖南省楹联家协会、怀化市国学文化研究会会员。

浪淘沙·大理

云雨透苍山，洱海无边。

金梭岛夜月儿圆。

大理古城秋色起，千里婵娟。

南诏盛千年，仁至西南。

江湖把酒纵言欢。

雪月风花天镜幻，意马心猿。

【题释】

2019年9月13日（中秋），我在大理休假。大理，一座有着三千年故事的古城，神秘莫测。4000多米的苍山之顶，时而浓雾缭绕，时而大雨倾盆，时而又彩虹再现。一阵秋风吹过，山下的洱海蓝天白云下又似一面天空之镜。湖中金梭岛水色、古城即下山民宿、段公子传奇和美食，还有书中浏览过的诺邓古寨，无一不留下深刻的印象。一个闭目听涛的地方，一个品茗发呆的地方，一个任尔无限想象的地方。

虞美人·泸沽湖

格桑花盛情未了，云彩叠峰绕。
二车娜姆摩梭风，格姆神山仙岛画湖中。

王妃府第依然在，佳话深情爱。
走婚桥上志踟蹰，神往女儿国里竞自由。

【题释】

　　杨二车娜姆的《走出女儿国》揭开了"走婚"族神秘的面纱，2003年她的自传体小说《离开母亲湖》轰动美国，让世界对那片神奇美丽的土地惊奇地睁大了眼睛。泸沽湖一直是我们向往的地方，格姆女神山、里格小岛、王妃府、草海、格桑花，还有那"亲爱的客栈"，一同映在天空之镜，完美灵秀。2019年9月休假到泸沽湖，踏上走婚桥，牵手亲爱的来一段抖音，也体验一回摩梭人的走婚文化。

女书传承人胡欣书

苏幕遮·大美青海

素秋涵，曲水见。

幡舞白云，飘逸常依恋。

日月山柔情挚鉴。

源溯三江，千里抒长卷。

藏粑香，梅朵艳。

蹄奏悠扬，追媲书琴剑。

翡翠嵌镶一串串。

稞酒再杯，醉美高原暖。

【题释】

2020年9月上旬，湖南省农信联社一行赴青海学习交流，对青海农信的稳健发展、创新精神和多民族团队的融合团结，感受至深。为青海的环境保护和经济发展双赢点赞！更加坚定了建设有温度的百姓银行的信念。

朝中措·里耶古城

千年沉睡井泉中，万片简牍崇。
明月秦关犹在，风烟何处明瞳？

车辙通轨，度量衡称，书篆同宗。
穿越时光隧道，古朴依旧如风。

【题释】

2021年7月9日参观里耶古城时所撰。里耶古城，始为战国晚期楚的军事城堡，后被沿用为秦汉帝国基层政权的县治所在。里耶古城几经风雨，随历史的变迁而屡有废兴，惟酉水东流依旧。2002年37000枚秦简的考古发现，在中国乃至世界都极为罕见，这份文化遗产承载了特定历史时期的特定历史意义。

情深未必动豪语　妙语平言展真章

三合故人

这首《朝中措·里耶古城》是邓德林先生2021年7月9日考察里耶古城有感而作，后于7月30日发表于《湖南日报》的《湘江周刊·湘韵》版中。《朝中措》本为宋以前的旧曲，有《照江梅》《芙蓉曲》《梅月圆》《醉倚香》等别称。以欧阳修词《朝中措·送刘仲原甫出守维扬》为正体。作者此词，步欧阳修韵而作。既描写了里耶古城的历史风云变幻，也概述了里耶秦简的发掘保护，更是借史咏典抒怀志趣，表达了对历史兴衰更迭的感叹。

上阕以"千年沉睡井泉"，点出了里耶秦简的出土时间、地点及出土过程的艰难。里耶世为土家族聚居之地，里耶意为开垦之地。其地属五溪，历代称其为蛮地，以示其文明未彰，教化不开。里耶古城自民国以来，一直与浦市镇、芙蓉镇和茶峒镇被称誉为"湘西四大名镇"。2002年6月，37000余枚秦简破土而出，举世皆惊，获"北有西安兵马俑，南有里耶秦简牍"的美称。"万片简牍崇"，秦简牍之崇，则崇在里耶秦简之于世界秦史研究的重大意义与分量，崇在里耶秦简之于秦代地方政治制度研究的非凡展现，崇在里耶秦简之于《史记》某些历史定论的勘误，崇在里耶秦简之于我国书法、数学、邮政、法令、户籍等历史研究的重大突破。在里耶秦简出土以前，全国出土的秦简还不到4000枚，里耶秦简一次性就出土了37000余枚，是历代秦简出土的总和近10倍之巨，自然堪称石破天惊的惊世大发现。而简牍所载，洋洋大观，十分详尽地记载了秦代县政的方方面面，足以破诸多千古之谜，被称为研究秦代地方政治制度的百科全书。点睛之词，全在一"崇"，一字之力，劲逾千钧，将里耶古城的曲折命运、历史底蕴，将里耶秦简的学术意义、文化地位凸显无遗；将里耶孤独千年而终冲破历史烟尘一鸣惊人的过程，用精到的语言展现出来。"明月秦关犹在，风烟何处明瞳"句，则更是将作者对历史的兴衰、山河的变幻表达得委婉而又深沉。回望历史，总是让人充满浩叹，那些逝去的烽烟征鼓，那些暗淡的剑影刀光，那些淹没的壮心悲情，无一不撼人心魄，无一不唏嘘萦怀。秦关借指里耶古镇，它的本意，原本为秦地关塞，后世逐渐演化为诗词家们表达对历史兴衰更迭感叹的遣怀用语。晋代张华在《萧史曲》中有"龙飞逸天路，凤起出秦关"的高逸，李白在《登敬亭北二小山》中"回鞭指长安，西日落秦关"的辽阔，司空图在《秦关》中有"形胜今虽在，荒凉恨不穷"的悲怆。明月高悬，秦关犹在，风烟漫漫，早已难触寻历史的踪迹。万般心绪全部都随着岁月的变迁而化作了尘土，唯有明月不改其心，仍然照耀着旧日的秦楚雄关，仍然照耀着祖国的大好河山，观史至此，不禁感慨万千。用笔用意，均属巧妙。

下阕"车辙通轨，度量衡称，书篆同宗"三句同气连枝，以典咏史，气势排闼逼眼而来，扼要地点明了秦代对于中华大一统的历史贡献，寓典于史实之中，融情于词句之外，潜韵于平铺之间。虽然没有欧词"文章太守，挥毫万字，一饮千钟"的酣畅气势，却也得气韵流动、格调清健的高昂。将《史记·秦始皇本纪》中"一法度衡石丈尺，车同轨，书同文字"的典故，较为自然地同秦代大一统的历史贡献结合起来，暗喻对国家大一统的礼赞和讴歌。尾句"穿越时光隧道，古朴依旧如风"，利用里耶秦简博物馆"时光隧道"的布展创意，把时空的变幻和岁月的沧桑交叠，诗人在游览古城之际，览昔时之陈迹，发思古之幽情，给人以隽永感觉，既表达了历史沧桑之感慨，也抒发了缅怀历史之幽情。

全词叙述与议论相结合，抒情与思古映衬，平时中有奇趣，气韵中有真情。周济在《介存斋论词杂著》中评价欧阳修的词说，"永叔词只如无意，而沉着在和平中见"。我想，以此句来描述德林先生这首《朝中措·里耶古城》的词意，大概也是恰当准确的。

古城依旧青青柳　引领春风一卷诗

肖弘哲

当代人作近体诗，多侧重技术，其中虽不乏古雅朴茂，情思并具之作，但部分诗人用典越发生僻，遣词越发晦涩，装腔作势，诘屈聱牙，将诗词变为卖弄才学的工具，人也成了浮于形式的"诗油子"，难免落了下乘。相较之下，《朝中措·里耶古城》一词真切、深沉，自然而有余味，在诸多炫博夸巧的当代诗词创作中反而更符合诗词艺术的本来面目。

"千年沉睡井泉中，万片简牍崇。"里耶地处湘西腹地，为秦迁陵县治所在，世纪之初曾在城中古井出土简牍三万余枚，掀开了秦文化尘封已久的神秘面纱。词作首句以秦简之事切题，开门见山，不遮不掩，直写古城之古，颇显格局风度。句末扣到一个"崇"字上，既在写万片简牍重叠之重，又在写千年历史交叠之尊，交代写作背景的同时，也为下文做了一层铺垫，留下写不尽的余地，这是精于诗道的做法。

"明月秦关犹在，风烟何处明瞳？"往事越千年，边关依旧，冷月依然，而当年古城所历经的秦楚硝烟、战汉风云却早已了无尘迹。寥寥十二字，平实无奇却将我们的目光引向了历史时间的深处。整个上阕至此与其说是一份疑问，毋宁说是一份感喟，而所谓"明瞳"，更应说是一次对地域文化、对历史脉络、对民族过往的回溯与叩访。一叙一问间，诗人便凭借其个体精神和思想能力的深度参与，为我们生成了一个语言化、修辞化和想象化的文学空间，激荡起读者的历史遐思，也使我们越发期待下阕的接续。

相对于律诗，词由于其"言长"的特性，往往更讲求笔法、章法的曲折多变，刘熙载《词曲概》云："词之章法，不外相摩激荡", 又云: "一转一深, 一深一妙, 此骚人三昧, 倚声家得之, 便超出常境。""车辙通轨, 度量衡称, 书篆同宗。"下阕一开始, 作者便连用三个铺陈, 一扫上阕因时空变幻带来的沧海桑田、物是人非的历史虚无感, 将伟大帝国的烜烜文治、赫赫武功展露无遗, 这是对阕片的作答, 也是诗人对时代的理解, 而在这份历史追寻的背后, 我们不难读出诗人感情的热烈和文字力量。

"穿越时光隧道, 古朴依旧如风。"在词的最后, 诗人再次回归现实, 抚古思今, 发出里耶古城古风犹存的赞叹, 颇有些岁月绵长, 余韵悠悠的意味。这里值得注意的有两处, 一处是"穿越"一词值得玩味, 我们知道穿越是一个历时过程, 是从一个时代到另一个时代, 穿越的一端是当下, 古朴依旧, 毋庸置疑, 那么另一端是哪里呢, 就是上一句的历史铺叙, 我们不能将其视作简单的罗列, 它是富于体验感的, 是富含温度的。另一处则是"时光隧道"一词的使用, 近年来不少学者在讨论写古典诗词是否可以接纳现代词汇, 就本词来看, 似乎并无不可, 整个末句清新自然, 朴实真挚, 给人较强的代入感, 相信我们漫步里耶, 也会生出类似的共鸣。

白居易在《与元九书》中说: "感人心者莫先乎情", 袁枚《答蕺园论诗书》中亦云: "诗者由情生者也, 有必不可解之情, 而后有必不可朽之诗。"《朝中措·里耶古城》一词怀想秦汉, 寄托千古幽思, 而又立足当下, 抒发了对古城这片宁静淳朴的土地的热爱, 用真挚的情感、平实的语言表达了每一位到访里耶的人们想要言说却始终未曾言说的感受, 旷逸高致, 兴味悠长。

※作者系浙江古籍出版社青年作家, 编辑。文博馆员, 中华诗词学会会员。

浪淘沙·二度普陀

又是九月天，
沧海桑田，
舟山岛外打鱼船。
数叶白帆云彩见，
远向天边。

往事忆风烟，
普济贤恬，
重来回首二十年。
南海观音慈向善，
国泰民安。

【题释】

　　2021年9月9日，时隔二十年之后，再次来到舟山，沧海桑田，变化如此之大。参观普济寺，敬拜南海观音之后，乘快艇去东极岛外海钓。此时正值开渔期，盛况空前。天佑中华，国泰民安！

卜算子·龙脊梯田

小路蜿蜒旋，

千迭梯田险。

世代瑶乡平安寨，

满目黄金染。

先贤铸辉煌，

万古风烟淡。

最是秋风叠浪掀，

稻笑笙歌艳。

【题释】

龙脊梯田位于广西龙胜，分布于海拔300米至1100米之间，最大坡度达50米，距今至少2300多年历史，是瑶族人的祖居，堪称世界梯田原乡。2021年金秋十月，千层稻菽叠浪，似黄金铺染，令人震撼，令人陶醉。

画堂春·竹漂遇龙河

群峰柔媚野花红，
清波浅底蛙鸣。
淡烟飘袅与云重，
画入心中。

竹筏轻盈淌过，
枕流守望星空。
百年时序万般风，
舍我谁同？

【题释】

　　遇龙河是漓江在阳朔境内最长的一条支流，人称"小漓江"，不是漓江胜似漓江。国内外专家一致确认，"遇龙河是世界上一流的人类共有的自然遗产"。遇龙河两岸一派田园风光，赏心悦目。让人仿佛进入天人合一的诗意境界，返璞归真的自由天地。2021年国庆假期，时隔30年后家人一同再游阳朔，首次电摩骑行遇龙河两岸，又竹筏漂流遇龙河，不虚此行。

生活物语

夕照彩虹无限好

如梦令·逛大观园

一部红楼演证，

大戏舞歌鸾凤。

举案齐眉时，

忍泪惜惜相送。

如梦，

如梦，

百态人生深重。

【题释】

时代变迁，潮起潮落，世态炎凉，悲欢离合。1985年11月13日，逛上海大观园，品《红楼梦》，体味人生百态。

【赏析】

戏如人生

邓 菁

品读《如梦令·逛大观园》，思绪一下回到初中时代，当时的我初生牛犊不怕虎，报名参加第六届"语文报杯"全国中小学生作文大赛，竟然一举斩获"全国一等奖"，获奖作品就是一篇读红楼的心得——《林黛玉在现代》。

在这篇不足千字的小文里，我脑洞大开，让林妹妹穿越时空来到现代，并认真为她作了"职业规划"，从学生到公关小姐，再到公务员、作家、娱乐明星。不过，通过我的一番充分论证，结论是林黛玉连做个下岗工人都不够格，只能回她的"潇湘馆"继续"漫吟菊花诗"。

这是一个初中女生视角下的红楼梦，尽管有些戏谑的味道，却自有一份天真烂漫蕴涵其中。而这首《如梦令·逛大观园》，在勾起我回忆的同时，也激起了我亲近经典的兴趣，让我再一次捧起了《红楼梦》细细读完……

"一部红楼演证，大戏舞歌鸾凤。"当我掩卷之余，再吟起《如梦令·逛大观园》，小说中的人物与场景一幕幕在我脑海浮现。《红楼梦》是一部爱情的悲歌，更是一部女性的大戏。金陵十二钗如同一个个靓丽的音符，奏鸣出一曲真善美的女儿曲，刺破了封建时代阴霾的天穹。

金陵十二钗中最令我记忆的无疑就是史湘云，她是何等活泼开朗，潇洒天真，在大观园中独具个性风采，一扫脂粉气息。无奈命运多舛，虽然后来侥幸"配得才貌仙郎"，但却得不到"地久天长"，"终究是云散高唐，水涸湘江"。

还有精明能干的探春，她敏锐地看出贾府的悲剧命运，"可知这样大族人家，若从外头杀来一时是杀不死的！百足之虫，死而不僵！必须从家里自杀自灭起来，才能一败涂地呢。"替凤姐管家，她兴利除弊，让荣府上上下下对她从轻视到无一不服。可惜"才自清明志自高，生于末世运偏消"，远嫁海隅空辜负一身才志。

丫头们的命运则更加悲惨，"身为下贱"却"心比天高"的晴雯，"风流俊俏招人怨"，她被从病床上架起撵出大观园，悲惨地死去；稳重自持，心地善良的鸳鸯随着贾母去世，知道自己失去了借以自卫的屏障，"一辈子也跳不出他（贾赦）的手心"，便自缢而死，以生命的代价捍卫自己的清白和尊严……

那一个个美丽的灵魂，终究逃不过千红一窟（哭）、万艳同杯（悲）的命运。

"举案齐眉时，忍泪惜惜相送。"与黛玉相比，宝钗似乎是胜利者，她赢得了婚姻，赢得了封建家长的好感，并最终被推上了"宝二奶奶"的宝座，可为此也付出了太多代价，导致与宝玉难以填补的精神鸿沟，"纵然是举案齐眉，到底意难平"，后来宝玉出家，让她事实上成为李纨一样的孀妇，婚姻悲剧所酿成的苦酒，就留给她一个人自叹自饮了。

"如梦，如梦，百态人生深重。"观大观园，品《红楼梦》，快乐与痛苦往往共生，忧戚与欢愉时时交替，眼泪与笑声常常混杂，正应了《老子》中所云："祸兮福之所倚，福兮祸之所伏。"

附：

林黛玉在现代

时空飘转，林黛玉来到了现代，她该干点什么呢？

首先她不适合做学生。瞧她那副弱不禁风的模样，柳条般的胳膊和腿，走在路上真担心她会被风吹走。体育课上的800米跑要及格是不敢指望的，却绝对有希望拖班级后腿。弄不好几圈下来，娇喘吁吁，冷汗满颊，又是大夫又是救护车的忙乎，急煞一圈人。

再瞧她有事没事的，泪如长江之水，源源不断，不淹没整个学校简直就是奇迹。偶尔两滴泪水，还有人怜香惜玉，金豆豆掉的多了，就廉价了，只会让人心烦。唉，纵使她满腹诗文，与素质教育"德智体全面发展"却格格不入，"三好学生"绝对沾不上边，弄不好，又得哭鼻子。

做公关小姐呢？单凭一张"秉绝世之资容，具稀世之俊美"的脸蛋，混口饭吃还是不成问题，可要想提拔，路还长着呢。她不如薛宝钗有心机，可以做到领导说东，绝不往西。俗话说得好："棒打出头鸟。"林黛玉的那股叛逆劲儿，无论是在过去还是现在，都不会讨老板喜欢。且她又不懂得阿谀奉承，讨好卖乖。这种人，就是工作干得再好，也难得提拔。

做公务员呢？林黛玉似乎也做不来。她那病恹恹的样儿，整日里药不离口，一点儿风吹日晒就又咳又吐的，动辄就是人参燕窝高档补品，单位的公费医疗不亏死才怪。

干上老本行，当个作家怎么样呢？那些风花雪月的东西倒也难不倒这位林大小姐。一首《葬花吟》，赚尽了宝哥哥的眼泪，煽情功夫了得，没准也捞个"琼瑶第二"。只可惜她不善处理人际关系，不懂如何与出版商接洽，又好使小性子，仗着自己一副伶牙俐齿，说出话来比刀子还尖刻，没准把出版商气得拂袖而去，那些华文美卷，就只能束之高阁了。

凭着天生丽质的面容和现代流行的"骨感美"，在娱乐圈一夜成名应该不成问题，只可惜林黛玉喜静不喜动，娱乐圈那种鱼龙混杂、沸沸扬扬的地方，她定不肯屈尊纡贵。

这样看来，林黛玉非失业不可。可她当了下岗工人，就更不行了。她虽是父母早亡，只因出身书香门第，后又寄居贾府，兼有史太君、王夫人等心肝宝贝儿地疼着，那娇惯势头自不消说。吟诗作赋，闲弹两曲倒不在话下，洗衣做饭只怕是一窍不通。习

惯了衣来伸手，饭来张口，恐怕连锅铲都不会拿，只能活活饿死。

　　面对竞争激烈、物欲横流、节奏加快的现代生活，林黛玉望而却步，思之再三，最终还是选择了"走为上计"——重返潇湘馆，漫吟菊花诗去了。

相见欢·中华白海豚

暖冬浪静风恬，小舟翩。

逗引白豚争宠，聚集欢。

左张望，右昂仰，跃波煽。

赢获一片赞叹，乐无边。

【题释】

    中华白海豚有"海上大熊猫"之称。广西钦州三娘湾因中华白海豚而闻名。2007年春节期间，与朋友一行自驾去广西北部湾走走，在难得的季节观看到了难得一见的中华白海豚。追逐海豚，嬉笑打闹，极为高兴。

醉太平·山西莜面

三生有约，三熟秘诀，
温柔莜面削切。
味香弥漫绝。

风华惋妖，人生品学，
钟情总有离别。
相思难了结。

【题释】

　　莜面是一种很好的保健食品，从生莜麦到莜面要经历三次生三次熟的过程，具有深厚的地方特色饮食文化。2009年8月25日，从乔家大院出来，嗦一碗正宗的山西莜面，韵味悠长。

醉花间·亲近茅台酒坊

朝霞溢，酱香溢，天地汲灵气。
赤水孕精英，醇郁珠泉沥。

爱恨千古戏，祸兮福所倚。
何处再相逢，莫守书帷寂。

【题释】

茅台镇历来是黔北名镇，集古盐文化、长征文化和酒文化于一体，被誉为"中国第一酒镇"。2011年1月5日，有幸去茅台酒厂酿酒车间参观，一睹国酒神秘的酿造工艺，品恬原酱，历久弥香。人生苦短，珍惜当下，有好酒一定要和朋友分享。

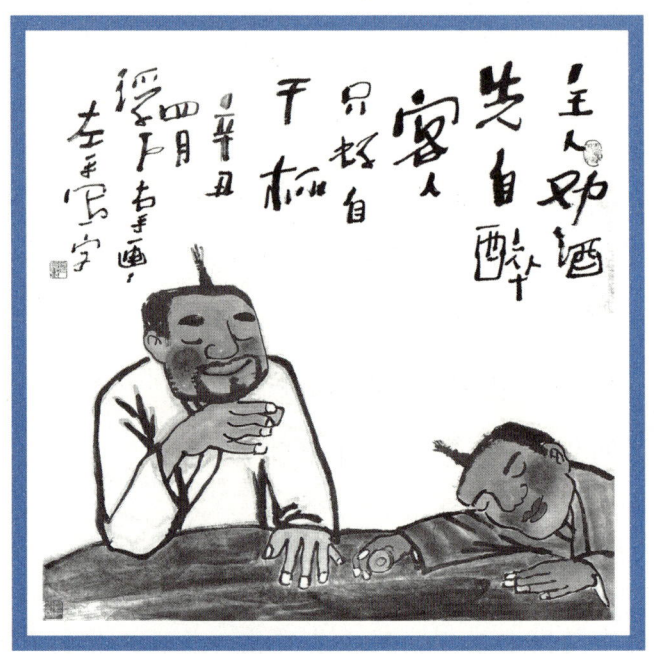

著名作家、画家浮石先生画

朝霞溢牖春光溢天地汲靈氣赤心孕精華辭藻奇珠影曜麦松千古載福兮福兮倚河家丹相逢幸守書惟寧

鄭煜水詞碑花閣觀近筆古酒坊壬寅何澤

渔家傲·再别康桥

轻轻走来轻轻了，彩云招手柳含笑。

青荇水柔波影照。

康河道，撑支长篙渔家傲。

悄悄别离笙不啸，夏虫沉默伏浮藻。

夕照彩虹无限好。

康桥杳，海枯石烂心不老。

【题释】

2011年9月，我们有幸去英国度假，参观剑桥，走上康桥桥头，吟诵徐志摩先生的《再别康桥》，心血来潮，将诗改写成词，纯属好玩。

换骨夺胎作新词

钟治平

读邓德林先生《渔家傲·再别康桥》，由衷生出"精妙"之叹。

所谓"精"，乃是钦佩德林先生对于长短句的谋篇布局烂熟于心，如臂使指，应手得心。以诗入词，是古代词作中的一种普遍现象，在宋词中尤为突出。苏东坡"以诗为词"，将诗的题材、内容、手法等引入词的创作之中，不仅是对词的传统狭隘题材的突破，也是对词的表现功能的探索，为当时柔软乏力的词风，注入了诸多新的血液，使词境由此焕然一新。不过，传统的诗与词，本是一枝两叶、同声共气，以诗入词或是化诗为词，无论体裁与形式、血脉与情感，都可以说是顺理成章的事。而现代新诗，众所周知，本就是以打破旧体诗格律形式束缚为主要标志的。因此，德林先生以现代新诗入词，而且是拿一首家喻户晓的新诗"开刀"，则不啻是十分大胆而又令人耳目一新的尝试。

《再别康桥》是现代诗人徐志摩脍炙人口的诗篇，是新月派诗歌的代表作品。全诗凡二百余字，共七节，每节四行，不拘一格而又法度严谨。珠玉在前，德林先生选择以仅有62字的《渔家傲》来改写新填，不仅体现了胆量与气魄，也足见其对词牌的谙熟与用心。作为新诗，《再别康桥》使用类似口语的白话，轻盈而柔和，通俗且细腻，如何将其转换为绝句式的七言而不失其本意和韵味，无疑是一大挑战。德林先生化繁为简、去芜存精，准确地把握原诗的艺术表达特点，又不拘泥于个别文字的雅俗。上阕首句"轻轻走来轻轻了，彩云招手柳含笑"，既保留了原作标志性的开头，又沿用了原作的拟人手法，让"彩云"与"柳"构成了情感共同体，生动活泼、引人入胜。下阕首句"悄悄别离笙不啸，夏虫沉默伏浮藻"，则通过一系列对静默情境的描摹，与上阕首句的热烈充沛相呼应，形成一个行为和情感逻辑的闭环，保留了原作的脉络走向，在似与非似之间，完成了对原作的"挪移"。内容简明扼要，结构精巧圆熟，语言则充满了音韵的美感。

接下来，德林先生巧施魔法，将原诗中的各种要素，重新进行剪辑、排列和组合，呈现出与原诗完全不同的美学体验。上阕的"青荇水柔波影照"和下阕的"夕照彩虹无限好"，对原诗中的"青荇""波影""夕照""彩虹"等意象作了"蒙太奇"处理，将原诗中由暮至夜的时间线拆散、重置、模糊化，不仅变化了文字的节奏，同时由单一场景变换为多重影像的交织错落，增加了色彩的饱和度，让画面一下子明媚起来。

说到"妙"，则是叹服德林先生对于格律诗（词）情感表达的举重若轻，登高望远，通透弘阔。相对于传统诗词的含蓄隽永，新诗的情感输出，显然是浓烈而直接的。两者之间，即便不是势如水火，至少也是泾渭分明。《再别康桥》是一首写景的抒情诗，在夕阳映照的场景之中，其抒发的情感有三：留恋之情，惜别之情和理想幻灭后的感伤之情，这也正是徐志摩一生追求"爱，自由，美"理想的具体反映。诗中理想主义的情感表白是分为两个层次的，一是对往昔剑桥留学生活的回忆，二是对当年爱情挫折的追述。原诗柔美幽怨的意境和清新飘逸的风格，满是徐志摩的个人标签。儿女情长，美则美矣，格局却多少显得有些狭窄。德林先生向来主张诗词要关照现实，尤其强调作品在收结时要注意情感的升华，从《渔家傲·再别康桥》中即可窥见一斑。上阕末句"康河道，撑支长篙渔家傲"，直接将原诗"撑一支长篙"的意象对接"渔家傲"这一词牌名，不但合情达理、合韵押辙，而且联系上了边塞悠思之情，可谓妙思天成。渔家傲，作为曲调，原是用于佛曲、道曲。词牌创调者当为北宋的范仲淹，其《渔家傲·秋思》词风豪健而又悲慨，被誉为"穷塞主之词"。剑桥康河远在万里之外的异国他乡，按中国古代人们的概念，自然可视为

"边塞"，让郎情妾意添上一份怀乡之思，缱绻之上多了一分恢弘深远，作品的情感表达也更加丰满而有层次，令人回味。下阕末句，也是整首词作的结尾"康桥杏，海枯石烂心不老"，直白如宣誓，却一扫原诗失恋和幻灭的萎靡不振，给人以力量与希望，如同一首交响乐在最高潮的部分戛然而止，余音袅袅，绕梁不歇。这种在平常之中蕴奇崛的方式，化朴为美，点石成金，充分体现了德林先生驾驭语言的高超艺术能力。

除了德林先生这首词作本身的"精妙"，个人觉得，这种"改写"还有另一层深意。喜爱《再别康桥》或是熟悉徐志摩的读者都知晓，近代中国新诗的肇兴，与新文化运动的潮涌密不可分。《再别康桥》无论结构、用韵，还是意象、诗境，仍然带着浓厚的传统诗词的痕迹。从中也可以看出，徐志摩有意要把格律诗与自由诗二者的形式糅合起来，使之成为一种新的诗歌形式。当年的白话文运动，代表着当时国人对于传统文化的反思与改造，甚至上升到了救亡图存的高度。那种挣扎与痛苦，令人思之怆然。而今天德林先生以新诗入词，化白话为文言，虽然他本人称"纯属好玩"，仔细想来，这难道不是一种文化自信的体现和传统价值的回归吗？

宋人黄庭坚有诗论曰："然不易其意而造其语，谓之换骨法；窥人之意而形容之，谓之夺胎法。"德林先生用《渔家傲·再别康桥》证明，无论"换骨"还是"夺胎"，经典的艺术作品总是超越时空而存在的。

　　※作者系湖南省金融作协会员，湖南省农信联社党群部副部长。

水调歌头·津澧踏青

晨饮长沙水，午赏大湖鳌。

清明耘土寻梦，车武子相约。

遍地黄花碧草，更有蜂鸣蝶舞，虹彩日西斜。

亘古孟姜寨，春意吐新节。

忆昔往，人憔悴，季更迭。

六春半载，挥手津澧了心结。

要上嘉山摘月，可下洞庭捉蟹，苦乐屡吟嚼。

世上无难事，明志不休歇！

【题释】

2012年4月5日清明时节，陪同湖南省委老领导杨泰波同志去澧阳平原、荆江分洪区踏青，领略万顷金黄油菜花风光，夜宿津市农庄。津市是湖南省计划单列市，市郊新洲是旧时澧州府所在地，相传是孟姜女和车胤（字武子）的故乡，孟姜女哭长城和囊萤夜读的故事千古流传。津市也是我曾经工作六年半的地方，惜别又近六年了。复兴津市，任重道远。我们一起期待和努力吧！

【赏析】

变的是政绩 不变的是情怀

施明华

这首《水调歌头·津澧踏青》词作，是邓德林同志于2012年4月5日，陪同湖南省委老领导一行人，早晨从省城长沙出发，中午来到地处淞澧平原澧水入洞庭湖口的鱼米之乡——津市，所留下的一幅借景抒情的佳作。

通观这首词作，上阕写景，下阕抒情，格律严谨，手法纯熟，运典妥帖，化典无形。特别是结句的警句："世上无难事，明志不休歇"，结合上面的"挥手津澧了心结"，真是许身为党工作，变的永远是政绩，而不变的是作者对事业，对人民，对故土的一腔情怀。

通过词作，我们看到亘古以来的天下粮仓兼棉仓淞澧平原，在年年岁岁的清明时节，油菜花放，遍地黄金连天际，草长莺飞蜂蝶忙。一行人来到湖边观赏水中的大鳖，与养殖户们攀谈致富经。走在熏风千里的原野上，享受天人合一的身心放松，询问田园主人的耕耘。望着眼前的丰收景象，2002年到2008年那段日子里，国家改革大潮涌动，津市也乘势振兴。

烟花三月，春雨过后的夕阳里，一行人登上嘉山，看彩虹，瞭望官垸平川，俯瞰新洲古镇。由这处曾经的澧州府衙所在地，词人想到了在当地出生，走出津市的东晋名臣车胤，"车武子相约"，在"耘土寻梦"里，是不是还想到了明代贤臣李如圭呢？"遍地黄花碧草，更有蜂鸣蝶舞，虹彩日西斜。"如画的景色，纯朴的村野，一切都是这样的美好！

"亘古孟姜寨，春意吐新节。"当春风拂过脸颊，手触身旁的绣竹时，词人思接千载，想到了流传至今的节妇故事孟姜女。

随着时代的进步，孟姜女那种古代妇女被迫的爱情观，从一而终的节操观，想到如今妇女的解放。看着眼前丰衣足食，自由自在地过着幸福生活，仪态万千，妆红着绿的老妪少女，他应该会欣慰，会足意。一句"春意吐新节"，不只是眼前景，而还有心中事，悠久厚重的历史，车武子、孟姜女等历史文化名人，文化搭台，经济唱戏的前景，一如这古寨如新，春意如画，这首《水调歌头·津澧踏青》上阕词意，以这一句饱含意象情思的句子作结，是如此平和、丰远、柔情而美好。

词的下阕笔触转向写他在津市工作期间的艰难辛苦。一句"了心结"，勾起多少当年的热血情怀，不自觉地想起六年前在津市工作期间的辛劳。"人憔悴，季更迭"，一个靠水运起家，靠工业立足，靠商业繁荣的津市，随着陆地交通的发展，随着计划经济的消失，市场经济的勃兴，津市曾经有过的地缘经济优势荡然无存。津市的经济发展何其难也，主政者之身心何其苦也。然而，共产党人的意志是钢铁铸成的。"苦乐屡吟嚼"，苦中有甜，共产党人的快乐就是从艰苦中获取甘甜，词人时时品味着。

面对这片热土，他也曾雄心勃勃，欲"上嘉山摘月，下洞庭捉蟹"，虽然他说，复兴津市，任重道远，我们一起期待和努力！而今回望，他给津市人民留下了"世上无难事，明志不休歇"的豪迈壮语，留下了对这片战斗和工作生活过的土地满腔的丰厚期许。

津市人民盼望昔日的领导多来津市走走，关心津市的发展，同时我们也祝愿对津市这片土地不能忘怀的老领导心想事成，永远春意，永远吐新节。

※作者系津市兰津诗社社长。

沁园春·长沙盛夏

山水洲城，百遍清蒸，万道沸浇。

望湘江两岸，夏炎日烈；麓峰赤岭，草木焦萧。

汗浴桑拿，火烧油浸，躺下不成铁板烧？

树荫下，看短裙吊带，分外多娇。

气温日日攀高，引无数美眉竞露腰。

叹员工学子，假期无效；大中院校，只少空调。

满舍精英，非洲外佬，仰面直呼冰一勺！

长廊里，数嗲嗲娭毑，边舞边叨。

【题释】

2013年7月撰于长沙。

【注释】

嗲嗲娭毑——长沙方言，指爷爷奶奶，这里泛指老人。

七律·南岳祈福

盘古开天封圣帝，

火神菩萨赐光明。

祝融峰顶听风雨，

云开寺前见晨星。

南岳僧仙居洞隐，

衡山老道绣前程。

人生在世多功愿，

心遂佛缘事竟成。

【题释】

　　盛传农历八月初一是南岳火神圣帝菩萨的生日，每年八月初一至十五，南岳都会举行盛大的庙会，成千上万的善男信女敬香祈福，游人如织，盛况空前。南岳祈福虽然陪伴老人去过几次，但庙会期间上山还是第一次。2014年8月25日（农历八月初一）清晨刚亮，我们就到达祝融峰顶。半山腰还清风爽朗，峰顶却是倾盆大雨，祈福人群蜂拥而至，似乎感动了圣帝泪下。拜完菩萨，返途至云开寺前，忽见雨停云开，晨星闪亮，前方一片光明。

著名作家、画家浮石先生画

清平乐·坐夜吧

天高云淡，侗寨皇都艳。

追梦夜郎男子汉，醉洒合拢客宴。

万佛山众叠峰，扬帆百事如风。

雨过彩虹飞渡，畅怀坐吧称雄。

【题释】

　　湖南省通道县皇都侗文化村，传说古夜郎国天子路过此地，被其浓郁的民族风情所迷恋，故建"皇都"城。皇都侗文化村由头寨、尾寨、新寨、盘寨四村组成，历史悠久，合拢宴等民风民俗最为完整亮丽。鼓楼里、凉亭内、风雨桥边，处处琴声悠扬，歌声如潮。2016年4月13日在通道农村商业银行皇都支行调研之际，应行长吴巧妹之请，为她娘家坐夜吧作词。祝愿坐夜吧文人墨客爆棚！

【赏析】

诗词在这里　大爱在这里

——《清平乐·坐夜吧》背后的故事

彭树军

在湘桂黔三省交界之处，有一片美丽而宁静的县域，那就是通道侗族自治县，全国五大侗族自治县之一。在这里，万佛山被众多溪流雕琢出如诗如画的丹霞地貌风景，并孕育了"再生人"的传奇故事；在这里，侗族人民世世代代过着朴实的农耕生活，并创造出鼓楼和侗歌等独特的民族文化；在这里，中国工农红军召开了长征通道转兵会议，并决定西进贵州，继而取得最后的胜利。

同时，这里也是国家级贫困县（2020年2月宣布脱贫），县域经济较为落后，群众生活不够富裕，农商银行大部分基层网点建筑比较破旧。

一个春天的午后，德林同志来到通道的老县城县溪镇（现在的县城在双江镇）。我们参观了红军通道转兵纪念馆，以及通道会议旧址恭城书院，实地感受了1934年12月那一段的红色历史。之后，德林同志详细察看了通道农商银行县溪支行于20世纪80年代修建的营业间、办公室、员工宿舍和食堂，以及刚刚被春季山洪淹过的院子，切身感受到基层员工工作和生活的艰苦条件。

他对我们说，过去的红军长征也好，现在的经济建设也好，党的初心就是要让广大老百姓过上更加幸福的生活；但是目前营业条件较差，客户怎么满意服务，工作条件较差，员工怎么乐意奉献；基层支行的网点建设、文明服务一定要加快改进。这番话，看似朴实无华，却又深刻无比。

太阳偏西的时候，我们一行抵达皇都支行——一家设立在侗寨里服务村民和游客的营业网点。四周连绵的山丘、眼前蜿蜒的河水，衬托着寨门、鼓楼、风雨桥等民族建筑的自然和美，也映衬着支行行长、侗家姑娘吴巧妹的自然大方。

沐浴着金色的夕阳，劳累一天的我们应巧妹邀请，去她娘家看看。那是一栋三层的木质吊脚楼，吊脚层近临弯弯的坪坦河，远眺则是头寨和普修桥（风雨桥），"挹芳揽胜"有着绝佳的视角，所以巧妹的娘家人在这里开了一间清吧，名为"坐夜吧"。

坐夜，即行歌坐夜，又称行歌坐月，是指侗族青年男女通过集体聚会、对唱侗歌进行社会交际和谈情说爱的活动。在侗寨之中，除了鼓楼、风雨桥这类公共活动场所，有的还专门设有特殊的"月堂"，供年轻人聚集。

据巧妹介绍，她家"阿布"（当地侗语称呼父亲）当年可是行歌高手，而且将最初只是自娱自乐的民族歌舞爱好拓展成了建设乡村旅游景区的"第一动力"。而且，现在她的"阿蓓"（侗语称呼姐姐）还是皇都侗族文化村演艺场的歌舞演员。

浸润着幽蓝的暮色，我们一行就在侗寨的农家餐馆里感受侗族传统的"合拢宴"。传统的侗族是集体主义感很强的民族，平时聚餐都是一寨一寨的，你家一个菜，他家一个菜，摆在几张甚至几十张连成长龙状的门板桌上，大家一同分享；同时他们也是热情好客的民族，一家的朋友就是全寨的朋友，接待朋友是倾寨而动，倾其所有。

那天的"合拢宴"，菜，不过是本土生产的腊肉时蔬；酒，不过是农家自酿的混浊米酒；但是，那"耶罗耶"的歌，是无伴奏的多声部和声，纯净而欢快；那待客之情，是没有做作的自然流露，淳朴而欢欣。

浓郁的民族文化让德林同志很受感染，他对巧妹说，我到你娘家做客，没什么好礼物；我会专门填一首词，请书法家朋友写好送给你们。于是，他写下了这首《清平乐·坐夜吧》。

不久之后，德林同志信守承诺，将相关书法作品邮寄给了吴巧妹。今天，离当年在皇都侗寨构思词作已经五年多了，但是每当读起这首词，当时美丽的风景、美好的人物、美妙的感受总是会清晰地浮现在我的脑海之中。

期间，我深受德林同志教诲，也时常交流填词之乐，所以对他近年部分诗词作品创作过程有一定了解。但是，后来当我看到他的百首诗词集厚厚的初稿时，依然感到非常震撼。用了几天读完后，填写了一首《沁园春·敬读德林先生词集》作为心得体会。（附录如下）

四月芳天，不舍昼夜，连读百篇。

叹文行豪放，江河入海；志存高远，泰岳登巅。

字句珠玑，韵音金玉，唤起共鸣万万千。

长掩卷，细品其中味，回想绵绵。

乐得词话人间，数十载，笔耕犹未闲。

赞履职省县，常施德政；游学南北，久比诗仙。

美景良辰，民情国事，写做仄平传经典。

深祝愿，但有初心在，总是少年。

我的感受是，德林同志与时俱进，既把诗词写于自己人生亲历的一些重要节点，又写于中华复兴崛起的多个重大时刻；他纵横万里，既写于异国他乡的观光大船中，又写于故乡田野的泥泞小道上；他情深德厚，既写个人喜怒哀乐的"小情"，更写对祖国、对人民、对事业的大爱。

人，在这里；词，在这里；爱，也在这里。

※作者系湖南省农信联社一级高级经理。

相见欢·熊猫宝宝

黑白憨懵浑圆，若天仙。

四海传播友谊，任担肩。

树上串，坡地倦，啃竹欢。

童叟翘切惊叹，忘家还。

【题释】

2017年国庆假期，旅游途经四川卧龙，想探寻大熊猫踪迹，因赶路未能如愿，返回成都后立马去大熊猫博物馆，一睹熊猫风采，尤其是熊猫宝宝的懵态令人流连忘返。

黑白憨憧渾圓若癸
仙四海傳播友誼任
担肩苤蓝上串坡地倦
啃竹歡童叟翹切驚
嘆忘家還

錄鄧德林兄相見歡無猪寶寶
明堂辛丑開伊依十歲扵銀城

采桑子·乔迁之喜

霜天晓角冰清日，几次搬家。
今又搬家，洋湖之芯又一花。

风情似锦芳香溢，美在明霞。
胜过明霞，牵手福祥代代发。

【题释】

2018年12月12日，湖南省农信联社总部搬迁至洋湖总部经济区。近段风雨绵绵，水雾缭绕，而今晨冰清霜洁，风清气爽。搬迁吉日，赋词一首。

【注释】

福祥——福祥银行卡，是湖南农信福祥系列品牌。

小重山·山城今夜

火树银花千万条，波光浮彩曳，爽凉飙。
星空背负俯低瞧，听涛悦，神注忘饥劳。

轻轨串楼腰，慕名来打卡，乐逍遥。
更深烟火醉喧嚣，巴渝夜，欢聚度良宵。

【题释】

　　想不到山城重庆是我到过的全国直辖市、省会城市最后一站，早就听说很美，始终找不着机会。终于抵不住火锅的诱惑，2019年9月21日专程前往。山城很美，夜景更美，火辣的巴渝风情极为迷人。猛一顿川味火锅，酣畅淋漓。夜深至朝天门外吹河风，又巧遇柬埔寨国王诺罗敦·西哈莫尼，没想到居然还和我们住同一酒店，真是三生有幸。

临江仙·双月湾

碧海波光明净，另边浪宕雄浑。

湾湾双月两轻匀。

海龟沙榻憩，尽享暖阳温。

极目以观沧海，恬读朗朗乾坤。

大星山上铸军魂。

夕晖无限好，何惘近黄昏。

【题释】

2019年10月25日撰于惠州双月湾。双月湾位于惠东县港口镇内，由大亚湾和虹海湾相邻的两个半月形海湾组成。这里三面环海，风景如画，大亚湾畔的半月湾波光粼粼，恬静宜人，虹海湾畔的半月湾波涛汹涌，气势磅礴。大星山上鸟瞰像两轮新月，两条沙垅直奔大星山，如蛟龙出海，似双龙戏珠，有静有动，十分壮丽。这里气候宜人，阳光明媚，砂砾柔软，水质清澈，婀娜多姿。这里还是亚洲大陆唯一的海龟自然保护区，是中国沿海唯一的绿海龟产卵繁殖栖息地，又称海龟湾。千年海龟栖息地，我相信一定是适合度假、居家、养老的地方。

懒得念经就想静，

禅修中有坐悟
之说境界也。

禅

浮石

著名作家、画家浮石先生画

笔下有诗　心有远方

朱　晔

专攻写作十余年，敲出来的字数早已过千万。文学中多数体裁都有涉猎，唯独不敢碰诗词。

诗歌是文学皇冠上的明珠，令我不敢轻易撷取，甚至连触碰的心都不敢有。不写诗固然有能力方面的弱项，且我一直自诩自己是没有情调的人，自我感觉身上缺乏诗意。可无论自己如何缟灰枯木，见到诗词，我心里顿生情愫。

当我拿到邓德林诗词集时，心里还是诚惶诚恐。因为没有深入和精到的研究，对待诗词，我历来本着"可远观，而不可近前亵玩矣"的心态，真要上前把玩，我怕贻笑大方。想着文友唱和，也该有番雅趣，三思过后，我认真地捧起诗词集。从第一篇一直读到最后一篇。为了强化记忆，我又回头重温了其中的一些篇目。通过阅读，大致有以下几个方面的感知，值此与方家讨教。

一是作者具有厚实的诗词功底。通过不完全统计，在全部诗词中，使用的词牌就有30多个。虽然我不善填词，但是我知道，后世人作词，一定先是有金句，然后嵌进词牌里。这就要求作者必须熟悉各个词牌的要求，字数要求、长短句要求、韵律的要求等。能填30多种词牌的词，说明作者精通30多种词牌，对于一个公务繁忙，非文学专业的作者来说，这已经是了不起的成绩，说明作者在古诗词研究方面还是有真功夫的。

二是岁月更替不改文学的初心。从当年填报高考志愿起，作者就拥有对文学事业的一颗初心。可造化弄人，喜欢中文的他最后变成了一位哲人。这也不妨碍作者对古诗词一以贯之的喜爱，以及对古诗词创作的追求。从1983年的处女作，到如今的佳作纷呈，近四十年的光阴，作者一直持之以恒，这是非常难能可贵的。其间，作者仕途通达，人生意气风发，无论何时、何地、何位、何因，性情所致，作者必将挥毫泼墨，一抒肺腑之音。不忘初心，方得始终。正是作者多年来的坚持和坚守，才使这跨越几十年的诗文在一本集子里会师。

三是时位不易创作之情。春华秋实，几度风雨，几度春秋。从初出校门的学子，到挂职基层的国家干部，到省政协委员、省党代表、全国团代会代表，几十年里，地位和身份不断变化，可作者骨子里有一样东西始终没变，那就是对诗词的挚爱。他对人、对事、对情、对理，始终保持诗人的情怀，记录为政一方的父母情，记录天涯海角的家国情，记录异国他乡的思念情，记录白云流水的逸致情。从作者的履历看，他四处奔波、劳心竭力地奔赴在各条战线，可几十年的生涯中，诗歌一直陪伴着他的生活，一直是他的精神追求，也一直是他与内心对话的语言。什么都可以改变，唯一不变的就是诗歌创作的热情不变。

四是远行人以诗慰平生。唐朝大诗人贺知章一辈子写了很多首诗，存世的仅有26首，而让当代人熟记的可能是"少小离家老大回，乡音无改鬓毛衰"。人们喜欢这个句子，不是说这句话有多优美和生动，而是说出了一个道理，无论我们身处何方，我们永远是故乡的孩子。故乡养育我们的童真，以及在故乡享受到的童趣，仿佛最终进入我们的血液中，融入我们的精气神里。全书的诗词中，对我触动最大的是《五绝·农趣十首》，那属于一个时代的记忆，每首诗中都留下了时代的烙印。由于诗文中提到的很多趣事也许都已经消失或者正在消失，诗文给了我们那个时代以告别般的记忆，这样的记忆直击心灵。不比布袋和尚的《手把青秧》，不说《煮饭》中自端饭碗的哲思，单说滚铁环、捉泥鳅、钓鱼、跳绳这等雕虫小技，都能让我们瞬间回到已经忘却的本真，这就是诗的力量，这既是对过往的回忆，也是对当下心灵的叩问。

有了这样的书写，无论我们身处何地，无论我们所思所想，笔下就是诗，心里装着远方。

※作者系中国作协会员，中国金融作协秘书长。

【评析】

人生有志诗抒怀

任茂谷

读完邓德林先生的《诗词百篇》，"情怀"二字在心里久久回荡。正如他在《自序》中所说："经历过无数风雨，跨过道道坷坎，越过座座山丘，梦远行舟。"我对德林先生的诗词，真有相见恨晚、惺惺相惜之感。也许因为我们是同龄人，虽然南北迥异，人生不同，但经历的时代相同，就会产生强烈的心灵共鸣。

德林先生的诗词，是他丰富人生的真情表达，完全可称为"人生诗（史）实"。不同时期诗词的创作，既是时代印记的记录，也是情感情怀燃放的瞬间，这些诗词的时间点组成人生的生命线，慢慢描画，曲曲弯弯，绵延远方，既充满与时代共命运的家国情怀，又如摇曳不定的风帆，踟躇远去的离舟，划出深深浅浅的水痕，不同词牌长短句给人的心理感受或喜或悲，或忧或愁，或怒或烈，或叔或觞……诗词中千姿百态、千丝万缕的情愫萦绕脑海，挥之不去，如果将德林先生的诗词比作音乐，那必是回响曲，余音绕梁三日而不绝，更何况古诗词的诞生原本就是用来歌颂吟唱的。

拜读德林先生的词作时，突然迸出一个念头：不知他是否为自己填的诗词找人谱过曲，有些诗词谱成曲，是朗朗上口非常适合歌唱的。希望有一天，他的词作能成为街头巷尾到处传唱的铮铮阙歌。

精选，即精品。百首诗词，估计是德林先生在海量作品中，精之又精的甄选，呈现出来。仅此百篇，充分显示了德林先生惊人的书籍阅读量。一方面他在曲折的人生历练和实践中积累了丰富的生活经验，另一方面他将生活积累与历史典故出处巧妙地结合在一起，以古喻今，既有知识性，又有可读性。作品的艺术成就，可以连接绵延千年的中华诗魂，创作技巧丰富多变。

书中很多作品，富有《诗经》的现实主义传统。如《长相思·情怀》中的首句："沅水流，澧水流，无尽东奔不到头。思亲日日愁。"还有一些作品，展现了《楚辞》的浪漫主义色彩。如《定风波·挂职千山红》中："春夏潇潇雷雨声，崎岖曲折乃前行。轱辘四轮不胜马，谁怕？康庄大道有新生。"屈子浪漫的豪迈，一句"谁怕"铮铮作响。在诗词的表现手法上，他兼有六朝诗人描写田园山水的自然流畅，又在艺术风格上展现宋词的瑰丽伤感。如《武陵春·芙蓉镇》中："青石板街百回转，豆腐米香留。小小背篓笑晃悠，木叶传情柔。"短短几句，很有画面感，展现了曼妙美好的小镇风情画卷；再如《忆江南·踏征程》第一句"悠长路，云梦水直横。沉默无言双眼泪，辞师别友下基层。"的师友分别悠长缱绻难舍之情，有显著的宋词特点。

德林先生的诗词还有一个极为擅长的特点，借景托物，使他的诗词既有豪放涤荡的篇章，又有含蓄优美的短笺，将中国诗歌传统在抒情技巧上展示得淋漓尽致。如《风入松·仰望喜马拉雅》中："而今格桑花开盛，还要那，无限思量。神鹰九天翱鸾，巅峰旗帜飘扬。"神鹰喻国旗飞扬，暗自点出农奴翻身解放后的喜悦。再如《高阳台·难舍家乡》："桃花江畔涵灵秀，美人窝，月闭花羞。好忧伤，本不思别，却也难留。"以物喻神伤，离心黯然。

德林先生在相当一段时间用诗词"志"出了新中国的改革开放史，以诗词时间线作轴，将改革开放四十年到现在我党做出的

大事都一一反映出来，形成一个不间断的"为民服务"系列，也映射出德林先生心系国忧国难的同心之举。在他的创作中，2001年创作的《江城子·农税改革》："孟姜女庙雾茫茫，倚窗光，且徜徉。白雪莽原，荒野觉凄凉。耕作愁眉强为难，民生怨，冷如霜。宗羲定律复还乡？改革忙，换轻装。两减两消，血性泪千行。农税取消时当正，能量释，挺如冈！"上述诗词既有历史典故，又有改革渊源，还有惠农的税改政策写实。再如，为了抒发我党在抗击疫情中的英明领导，歌颂抗击新冠肺炎疫情胜利，他将"网红"长沙春意盎然，暖意浓浓，又恢复往日喧哗的景象通过《疏影·网红长沙》表现："春芽吐叶，好景常叙记，又翻一页。帛画方罍，访古寻幽，满袖盈芳燕雀。炎河千古情悠远，入书院，性灵陶冶。铜官窑，烟缕图存，还景盛唐年月。多少长沙记忆，太平街旧事，浮影飞掠。火辣喧嚣，活力飘遥，梦幻人生不夜。黑白经典绝天下，饕餮宴，傲然一切。璀璨星，华彩惊天，山水洲城和悦。"可以说句句"惊艳"，活色生香。

德林先生的诗还有一个显著特点是部分诗词带有浓浓的乡土气息，有深厚的悯农、惜农、爱农情节，词汇用句接地气，使乡村景、人、物、事均能在生动中朴实再现，这与他多年从事"三农"工作，与农村结下不解之缘有关。他自己也提到，时常回忆起儿时在农村生活的场景，尽管干农活不多，但也体验过，感受过……苦中有乐，农家人在农闲时就地取材创造出了很多游戏，趣味无穷。从中可以悟出很多人生哲理。例如，他将插秧、扮禾、煮饭、滚铁环等系列农村生活反映在《五绝·农趣十首》中，其中《捉泥鳅》"小嘴吧唧抖，身条软晃悠。掌合一大把，总有几条溜。"泥鳅的滑溜、灵动跃然诗句中，让人心生喜悦之情。在新中国成立70周年之际，他和朋友品茶闲聊之际，填出了《满庭芳·品茗》，不仅将我们国家近20种乡间名茶巧妙地融入词句中，又以茶入题、以茶喻事，颂赞祖国，颂扬时代。通过词句将新中国成立70周年，伟大祖国繁荣昌盛，人民生活蒸蒸日上，吃水不忘挖井人，是中国共产党把一个苦难深重、一穷二白的旧中国拯救出来，并带领全国人民创造一个崭新时代的非常有美的内涵潜在展现出来。村茶、美茗、胜景……就是祖国大好河山的淋漓展现。

德林先生百首诗词的精彩言语难以尽述，读来感慨万千。粗浅草评，只是蜻蜓点水，才情所限，不敢过多赘言，唯恐喧宾夺主，云遮美玉，还是反复品读，尽享其绝彩风华吧！

※作者系中国作协会员，中国金融作协理事，新疆金融作协主席。

【评析】

诗意的歌谣　醇郁的乡情

裴　非

故乡是一根带血的脐带，供养着我们生生不息的生命。无论你离开多久，故乡总让人魂牵梦萦；无论你相距多远，故乡总叫人泪湿衣襟。读德林先生的诗词，最令人感慨的是他对故乡的深厚感情。在他的笔下，故乡是一幅动人的画卷，活色生香，芬芳扑面；是一曲婉转的小调，寓情于景，情韵悠长。

德林先生出生在洞庭湖畔的南县，考上大学离开家乡，先后在益阳、常德、长沙等地工作。岁月流逝，斗转星移，故乡的人情世事，故乡的那一条河港，那一道堤坝；那一畦葱绿，那一缕炊烟；那一弯小桥，那一棵老树，却一直荡漾他的心底，不曾远去。在《霜天晓角·家乡的油菜花》里，他这样写道："阳春三月，遍地黄花晔。飘曳芳香四溢，招蜂舞，引蝶跃。"作者描写家乡的

油菜花，其实是在歌咏洞庭的富饶和丰沛，人赏花，花映人，蜂舞，蝶跃，生命的本色在春风拂过的油菜花海里尽情绽放。写《采桑子·过年》时，作者已离开益阳十年了，当回到曾经居住了二十年的市委老院时，他感慨道："时光流逝催人老，岁岁团年。今又团年，故地寻思情难绵。"为工作为事业羁留远方的游子，思乡之情绵绵不绝，盘桓在脑海，缠绕在心头，抹不去，化不开。

我最喜欢的是他的《五绝·农趣十首》，这些描写儿时农村生活场景的作品，浅显易懂，清新活泼，寥寥数语便描绘出一幅幅童趣盎然的生动画面，颇具生活情趣。《煮饭》："粒粒晶莹透，清香满灶间。国人之饭碗，要靠自家端。"在作者的眼里，炊烟升起，便有一股甜香从乡村灶台溢出，在人们嘴角荡开；而粒粒晶莹的米饭，就像一份幸福和满足，需要努力才能获得。《酿米酒》："炉灶烧红旺，蒸腾酒郁芳。风情悠逸品，醉美在家乡。"对作者而言，一壶香甜的米酒，就是一壶醇郁的乡情，走到哪里都忘不了它，一辈子唇齿留香。《捉泥鳅》："小嘴吧唧抖，身条软晃悠。掌合一大把，总有几条溜。"前两句写泥鳅，刻画逼真，活灵活现；后两句写捉泥鳅的孩童，尽管很用心，但总有泥鳅从手掌里溜走，有动有静，妙趣横生。《挖藕》："莲塘双手到，举重若轻摇。白嫩尖尖露，荷香逸韵滔。"字里行间，我们似乎看到了挖藕人弯着的背，脸上的汗和手上的淤泥；而小荷露尖，荷香四溢，呈现在我们眼前的则是一幅恬淡的湖乡水墨画。这是作者对劳动之美和自然之美的深情歌赞。

※作者裴非（裴建平），系中国作协会员，益阳市文联副主席，一级作家。

【评析】

山水行吟唱大风

罗鹿鸣

　　与邓德林先生素昧平生，但有两个时空是远握近交的。一是他在常德工作多年；我也曾在常德工作过三年多，算得上老乡了。一是他是金融人，现为省级金融机构的领导；我也有三十年的金融工作履历了，我们是属于同一个战壕里的。他在日理万机的工作间隙，不仅仍保持一颗诗心，还写下了无数的诗词作品，不能不让我由衷地钦佩。

　　浏览他的诗词集，感觉他的诗词不论是古韵新韵都写得有板有眼；不论是诗还是词都写得有声有色。视域广大，内容丰富，笔触有劲，雅俗共赏。我在这里，仅就他的旅游诗歌发表自己的一点读感。

　　旅游诗歌是旅游文学的重要组成部分，也是最活跃、最有影响的部分。我们要弄清旅游诗歌的内涵，首先得弄明白旅游的概念。旅游与旅行两个概念大同小异，据360百科定义："旅"是旅行，外出，即为了实现某一目的而在空间上从甲地到乙地的行进过程；"游"是外出游览、观光、娱乐，即为达到这些目的所作的旅行。二者合起来即旅游。所以，旅行偏重于行，旅游不但有"行"，且有观光、娱乐含义。对此，西方甚至有些量化的指标：离开常住地一天以上，距离50公里以上才算旅行或旅游。

　　现在交通十分便利，像德林先生借助汽车、高铁、飞机，动辄日行千里，都不在话下；百里之行，更是家常便饭。然而，我们大多数人的出行旅游，都是浮光掠影、走马观花，在满足赏心悦目之后，留下的东西甚少。邓德林先生或工作出差或度假旅游，足迹遍踏三湘四水、大江南北、世界各地，所到之处，皆能触景生情，立字为诗。或兴高采烈，表达身心的愉悦；或借景抒情，大发心灵之思；或表达爱国情怀，或展现磊落胸襟；或诗或词，或喜或愤，不一而足。

我们先来欣赏一下他写家乡、写湖南的诗词：

鹧鸪天·桃花源里的城市

沅澧幽香若芷兰，柳叶湖水静风恬。

人文荟萃写诗墙，紫河穿城金腰缠。

善德在，传千年，楚辞浪漫尽丝弦。

刘海砍樵经典唱，桃花源里好耕田。

这一首词，不仅描绘了常德的风光人文景象，也表达了轻松愉快的心情。语言优美，笔调轻快，将"善卷先生""刘海砍樵""桃花源"的故事出神入化地融入词中，显示了作者丰富的历史知识和化典成词的高超能力。

作者从家乡出发，事业步步高升，诗路也越来越长。他到岳阳，登岳阳楼，发出了"洞庭渔火欢声远，达海连江帆竞先"的惊叹。他到衡阳，游雁城，高唱"衡岳清风今又起，换了新颜"，颇有"萧瑟秋风今又是，换了人间"的遗韵。他逛芙蓉镇、游借母溪，登天门洞，湖南大地名胜古迹许多地方都留下了他的优美诗篇词章。

我的理解是，旅游诗歌是作者对旅游过程中，或事后对所见所闻所感的诗意描绘与情感抒发，是一种特定的客观对象在作者主观中的反映。旅游诗歌古今中外早已有之，甚至是诗歌创作、流传最多的种类。旅游诗歌的兴起与繁荣，可从两个维度来考察：一是自古文人就有旅行、旅游的传统，读万卷书，行万里路，写万行诗成为诗人们的生活、创作的日常方式。二是历史上凡是有大文豪、大诗人去过、留下诗文的地方都成了名胜古迹。我纵览德林先生的诗词作品，莫不是沿着自然美景、名胜古迹的道路前行的，他边走边看，且歌且吟。他走过中越友谊大桥、仰望喜玛拉雅、在草原上奔驰、在长白山放歌、在刘公岛怀古、在北国挥洒豪情、在南疆摹绘风情、在少林寺练胆气、在敦煌探幽微，所到之处，佳作连篇，说不定那一天，他写过的江山原野就因他而更增盛名，他走过的村庄城镇就会忆起他这个诗人的践足。我曾经多次去过广东惠州的双月湾，留下了一些壮美图片，却没有写出一个字来。德林先生的《临江仙·双月湾》就将其胜境描写得淋漓尽致，必将成为此地的名篇佳作。

> 碧海波光明净，另边浪宕雄浑。
>
> 湾湾双月两轻匀。
>
> 海龟沙榻憩，尽享暖阳温。
>
> 极目以观沧海，恬读朗朗乾坤。
>
> 大星山上铸军魂。
>
> 夕晖无限好，何惘近黄昏。

旅游诗歌的艺术特点突出：绘景抒情，情景互生；状景于眼前，言近而旨远；表达人生苦乐，寓意沉浮槐桑。在写作内容的呈现上，主要是歌颂体、怨愤体、批判体三种，歌颂体占主导地位，对目之所及的自然景观、人文胜迹，给予赞颂，充满乐观主义、浪漫主义情怀。德林先生不仅对家乡、对湖南不遗余力地歌颂，他所到过的五大洲三大洋，很少"冷眼看世界"，而是豪情满怀，赞誉有加。

※作者系中国金融作家协会副主席，湖南省诗歌学会执行会长。

下篇　【静夜哲思】

金融工作中的思考

心态、心志、心灵

（2016年1月）

我出身于一个普通百姓家庭，家里祖祖辈辈就出了我这个正儿八经的"官"，对百姓浓厚的情谊，使我时刻关心着群众。参加工作近四十年，经历过无数风风雨雨，虽小有成就，但我始终坚守用心"做官"、静心处世之道，尤其注重"严以修身"。

修身作为毕生功课，可以用四句话来表达：一是植根于内心的涵养；二是无须提醒的自觉；三是以约束为前提的自由；四是为别人着想的善良。古人云："宁静致远，淡泊明志。"看来，养心是修身的关键。

保持健康心态。人的一生如坐公交车。我们知道它有起点和终点车，却无法预知沿途的经历。有的人很幸运，一上车就能落座；有的人很倒霉，车上其他人都坐下了，他还站着。有时别处的座位不断空出来，唯独身边这个毫无动静。而当你终于下定决心走向别处，刚才那个座位的人却正好离开。有的人经历了漫长的等待，终于找到一个座位，但这时他已经到站了。到站的人下了，车上的人还在，依然熙熙攘攘。其实即使重新来过，情景依然如此。这说明，人在社会，不可能独善其身。然而，我们可以做到独善其心。心态决定出路。弹一曲古韵悠悠来，品一壶茶浮生若梦，听一场雨静思闲来，吹一席风春花闲开。人应当经常调整自己的状态，调理自己的心境，应当懂得善待自己，在百忙之中，为自己营造心灵的港湾，修筑生命的驿站，使身心得到栖息，以便肩负起事业的重荷。

磨炼心志。孟子曰："故天将降大任于斯人也，必先苦其心志，劳其筋骨，饿其体肤，空乏其身，行拂乱其所为，所以动心忍性，曾益其所不能。"人生在世，苦难是一种历练。中医认为，苦利心。人有心火，吃苦瓜、喝莲心茶非常有效。古人云："自古人间苦无边，看得高远境如仙。"苦乐无界，一切在心。心志谓之意志，决定命运，影响能力。心志和行为，犹如灯塔与航船，没有坚定的意志力，在夜晚，没有灯塔，行为之船就容易迷失方向，人生就无法抵达胜利的彼岸。但是有的人接受不了残酷的现实，一旦事与愿违，就改变初衷，动摇信念，陷入极度悲观的情绪中，进入抑郁病态。固守初心，才能在挫折面前不沉沦，在诱惑面前不迷失，在紧要关头沉得住气。以平和之心对"名"，以淡泊之心对"位"，以知足之心对"利"，以敬畏之心对"权"，做到条件变了艰苦奋斗的作风不丢，环境变了吃苦耐劳的精神不减。

时常打扫心灵。很多人都喜欢房子清扫过后焕然一新的感觉，理完发的感觉也十分清爽。因为多余的东西去除了。计算机中的回收站是要经常清空的，否则会占用过多的空间，影响计算机的运行速度。人的头脑也要经常清理。聪明的人是善于取舍的人，是适时取舍的人。有太多心事的人走不快，完全没有心事的人又多半缺乏理性。在你的生命中，你要不断清扫和放弃一些东西，因为生命里填塞的东西越少，就越能发挥潜能。修养的最佳境界是自觉打扫心灵。要正确对待人生事业的跌宕起伏，如果长期顺风顺水，处在上升期，人往往会飘飘然，容易丧失对事物的正确判断。要学会时常冷静反思，在周遭吹捧赞美声中仍然能够保持清醒的头脑。与此同时，要积极改造内心世界，从自己做起，从当下做起，只有做到这一点，我们的事业才会充满希望，社会才能不断进步。

把简单重复的事做到极致也是创新

（2021年10月16日）

海尔集团张瑞敏曾经说过，把每一件简单的事做好就是不简单，把每一件平凡的事做好就是不平凡。昨晚出席岳阳市农商银行系统"最美奋斗者"宣讲会，收获了许多感动和思考。其中，有一位貌不惊人的小姑娘——湘阴农商银行杨林寨支行柜员范琴的发言引起了大家的共鸣。

杨林寨乡是柘溪水库新化移民聚居地，无论语言和习俗，都和湘阴本地有很大差异。作为一线普通柜员，没有轰轰烈烈的大事，每天经历的都是平凡的点点滴滴。但面对移民客户群体，要克服很多的困难。在范琴平淡的分享中有这样两件小事：

其一，支行附近小超市的刘大哥一天下午骑着摩托车拉着一大袋沉甸甸的东西来到营业大厅，看着袋子倾斜在地上散落出的硬币，范琴一下明白了刘大哥的来意。她用瘦弱的身躯硬是将这一大袋超过她体重的硬币拖进了工作间。总共6000多枚硬币，范琴和同事一直清点到傍晚。望着桌面和地上折射着灯光、摞成整齐的一堆堆的硬币，她充满了成就感。之后，刘大哥为表谢意，主动当起宣传员，拉着街坊好友都来支行办业务，几天就增加了150多万元存款、20户贷款客户340万元贷款、30户手机银行业务。

其二，一天下班后，范琴正和同事在支行院子里吃饭，一名瘦小的中年男子拎着一小包破损的钞票闯了进来，脸带泪痕，神情哀伤，用微小的声音祈求："求你们帮帮我吧！这是我给孩子上学的钱，都被老鼠啃坏了。"范琴一边温言细语安慰那位中年男子，一边放下饭碗检查起那些破损的纸币。她当着男子的面，一张张地找拼，又一张张地粘好，最后硬是从面值10000元的破损纸币中，整理出完好的7800元。当范琴把整理好的纸币交到男子手上并嘱咐其第二天到柜台兑换时，已是凌晨2点。

也许有人会说，这样的故事不是听过很多吗？甚至可能还会有人说，这些事情不就是银行应该提供的服务吗？可我要说，是很多，只不过那些很多似乎都是过去式了，今时今日这样的事例太少了。否则，现场几百名观众也不会为之感动。工作中偶尔一两次"耐得烦"也许能做到，但像范琴这样始终如一却难能可贵。正是因为热爱执着，她"吃得苦、耐得烦、霸得蛮"，让平凡的人生不平凡。

活动当天晚上，正巧碰到电视台直播神舟十三号飞船发射实况。凌晨0点23分，神舟十三号飞船成功发射。目睹这一盛况，我们感知到的是指令员和航天员不差分毫的操控，背后却不知凝聚了多少科学家的心血。也许有人会认为，指令员和航天员只不过是庞大系统工程中的一粒棋子，但正是这一颗颗"棋子"简单重复的操作成就了伟大的事业。

简单的事情看似简单，实则不简单。我曾经去过青海湖边的原子城，在再普通不过的原始土灶土炉上无数次的调整配方和试验，才有了"两弹一星"的奇迹。重复的工作看似不难，但要持久，没有惊人的毅力是做不到的。我也去过北京航天城，亲耳聆听过杨利伟的讲解，是无数次的重复训练才有了航天员在天宫的镇定自若。他们都把简单重复发挥到了极致。

我一直认为，简单的事情重复地做，重复的事情用心地做，坚持下去，没有什么是不可能的。因为，在这个坚持的过程中，你已经创造了新的机会、新的局面、新的环境，从这个意义上说，把简单重复的事做到极致也是创新。

超　越

（2021年9月18日）

海南，祖国最南端的省份，每一次去都令我很震撼。她在不断地超越自己，随着国家自贸区的落地，又在快速地前进。

我第一次去海南是1987年初秋，从长沙出发，路途艰难，挤在闷热的绿皮火车里熬过了一天一夜，在湛江下火车又坐了半天汽车才到琼州海峡码头，乘海上轮渡时差点把心肝都掏出来。改革开放之初的海南，似乎一夜之间就打破了长期农耕时代的宁静。从海口到三亚，道路虽颠簸，但烈日下人们的热情似乎更高，中途几次停车方便，因为人流众多，大家迫不及待地就近在甘蔗地里解决，然后再来一根甘蔗，真是沁人心脾地甜凉。我似乎明白，涌动的人潮让海南在超越自己，也超越时代。

我第二次去海南是十三年之后的2001年春节。几家约在一起去海南过年。飞机直飞三亚，海风吹拂倍儿爽。内地还是寒冷的冬季，但这里温暖如春。大年初一去拜南海观音，吃一顿地道的斋饭，依稀能听到远方乡村的爆竹声。从三亚开车到海口，走走停停，沿途的风光让人刮目相看，十年的光景造就了一个崭新的海南。海南又一次超越自己。

我第三次去海南是再十三年之后的2014年3月。现代化的海口椰韵丰盈，车水马龙。国际范儿的博鳌一展雄姿，脱掉鞋袜光着脚丫在柔软的沙滩上漫步，感受着大海的胸襟。乘轻轨去三亚，不仅领受了朋友的热情，也享受国际旅游休闲海岛的盛宴。离开前我去了趟免税商场，眼界大开。海南再一次超越自己。

海水那么蓝，风轻轻抚摸着大海宽阔的胸怀，白色的浪花不断亲吻着金色的沙滩，欲罢不休地拍打着海面上突兀的礁石，飞溅起无数细密的珍珠。远处，海天相连的地方，一座座小岛在蓝天大海的映衬下成了天蓝色，四周镶着白色花边。碧海蓝天融为一体，天人合一。

海水中嬉耍的人群越来越多，沙滩上仰晒日光的人也不少。望着这浩瀚的大海，波光粼粼的大海，一望无际的大海，我的胸襟也随之宽阔。仰躺着看海，任浪花拍打脚心，我开了一丝脑洞，人生其实也不是一样吗？只有不断地超越自我，超越他人，同时又包容他人的超越，社会才能不断发展进步。

坚持总会有希望

（2021年9月）

2003年9月初，入秋后的东北天气渐凉，我们一行从满洲里乘晚班火车，清晨就到了长春。刚出站，朋友热情地招呼上车，穿过城区直奔白山市。这是我唯一一次到过长春，只是路过，对长春的印象比较模糊，只是后来从一些战争题材的电视剧中有些许了解。行车途中，我们在一户农家饭馆吃了一餐正宗的东北乱炖后继续赶路，下午早早地下榻白山市抚松县政府宾馆。晚间天气预报晴天，一觉好梦。早起果真艳阳高照，心情愉悦，在我同学时任抚松县委书记的陪同下，开始美好而又神圣的登山之旅。车队绕长白山西麓行驶3小时抵达山脚，租了棉军大衣，徒步登山。登山途中阳光依旧，偶尔飘过片片白云，期盼的圣池就要见真容了。

长白山天池是大清朝的龙脉，乃神山圣水。但天有不测风云，到了山顶只见云雾飘逸，水气缭绕，好似"一片汪洋都不见"，即使近在咫尺也面目模糊。等了半小时，冷得实在不行，只好扫兴下山。

在山脚吃过中饭，太阳又出来了。我们仍不甘心，租上棉军大衣又第二次登山。真是奇怪，在下面好好的，到了山顶依然如故。又等了半小时，实在坚持不住，只好依依不舍返程。

下山到三分之一行程处，有两位轿夫就地休息。我们心里闷闷不乐，但还是打趣地取闹轿夫，"师傅，这天还能开吗？"轿夫回答，"怎么不能？""坐我们的轿子就能开。"问了价格只要100元，并承诺云雾不开不要钱。朋友说好不容易大老远来了，就赌一把吧！于是坐上轿子又第三次登山，其实再步行也爬不上去了，只是苦了几位同伴跟在轿子后面硬撑。到了离山顶大概不到五十级台阶，轿夫停下来休息片刻，我调侃他们今天算是白忙活了。只休息了十来分钟，轿夫叫声"坐稳"，健步如飞直冲山顶。刚落轿，一阵劲风吹过，顿见云收雾敛，一缕金霞直射湖心。四周山体仍被浓雾笼罩，只是天池完整地揭开神秘的面纱。清澈碧透，一平如镜，五色斑斓，波光岚影。"云卷雾舒时，潋滟水光妙好。"我们被眼前的盛景惊呆了，竟然都忘了打开相机记录这一珍贵的时刻。十多秒后，等我回过神来，一切复原，就像是做个了短暂的美梦。

我们兴奋极了，给轿夫奖励了双倍的酬劳。一路下山，满心欢喜，心中的夙愿已了。据说有福之人才能看见天池。功夫不负有心人，有心之人方有福。

回想起这次经历，我感悟到不管做什么，贵在坚持。每每遇到挫折，我也总会鼓励自己，坚持，坚持！机会是留给有准备之人的，坚持总会有希望！

不必空想太多的困难

（2021年8月6日）

春夏潇潇雷雨声，崎岖曲折乃前行。

辖辘四轮不胜马，谁怕？康庄大道有新生。

万顷蔗田添嫩叶，甘冽！葡萄花盛溢香迎。

碧血丹心时警醒，坚定！不经风雨怎还晴？

　　这首《定风波·挂职千山红》是我1989年5月创作的，距离今天已过去了32年。我那时才26岁，担任共青团地委副书记不久，组织上又安排我到县级大型国营农场任副场长。从地委到农场，虽然只有百多公里路程，但交通不便，中间要过两道轮渡，开车清早出发，到达时勉强能赶上午饭，乘客运车就可能要耗上一天了。农场地处洞庭湖腹地，是过去围湖造田围垦起来的，路基是软泥，大石头小石头填了不少，但始终坑坑洼洼。"春夏潇潇雷雨声"，尤其到了雨季，道路泥泞崎岖。民间有句笑语，"车轮跳，农场到。"总之，就一个"难"字。初生牛犊不怕虎，面对"辖辘四轮不胜马"的窘况，我的心态是："谁怕？康庄大道有新生。"

改革开放之初是以计划经济为主、市场调节为辅的双轨制时代，政企合一的国营农场正处于辉煌时期。名义上是农垦企业集团，实质上县级党委政府的所有职能一个都不少，名副其实的大企业小政府。我分管文教、劳资，协管工业。可就在上任没几天，农场职工医院由于管理上的漏洞发生了一起致人死亡的重大医疗事故。死者系场外农民，死者家属聚集了几百人来农场借故闹事，并提出很多无理要求。当时农场领导集中在地委听中央精神，只留我在家值班，此事当然由我全权处理。面对这一突发状况，怎样才能迅速平息并稳妥处置，对既缺乏经验又年轻的我来说是一个极大的挑战。也是一个"难"字。我的心态是"坚定！不经风雨怎还晴？"我运用抓主要矛盾的工作方法，从主要矛盾的主要方面着手解决问题，把对方的地方领导请来，在协商统一思想的基础上一同耐心细致地做工作，很快化解了矛盾，平息了大的闹事，及时果断地处理了这一重大事故。稍后又对农场医院进行了整顿，处理了事故责任者，完善了管理制度。这一下就赢得了全场上下的称誉，在全场干部职工中树立了较高的威信，很快打开了工作局面。

在一个单位，人们认为管钱管人的最有实权。我因主管人事劳资，全场职工的安置、晋级、调动都由我签字才能办理，被认为是有实权的领导，围着转的人自然就多。可农场人是国有企业职工，好几万人，子女就业的压力很大。中学毕业或退伍兵大都不愿意从事农业劳动，场部机关和几大工商企业每年要安置大中专毕业生，供需矛盾非常突出。没权办事难，有权处事也"难"。我的心态是"甘冽！碧血丹心时警醒"。我坚持公正办事，符合政策的不找也给办，不符合政策的不管怎么找也不能办。记得有一天，一名职工找到我要求安排其妻子的工作，开始说过年要给我送几条大鱼，我说一个人在食堂吃饭用不着，再过几天，鱼没送来，却送来一个信封，我以为是报告，打开一看是钱，我来火了，严肃地请他带着钱离开，否则，即使符合政策也不会考虑。像这样的情况有很多次，都被我一一拒绝。而有一次，一对老夫妇找到我，诉说他们的困难。他们年老体迈，靠槟榔摊维持生计，唯一的女儿因与场外青年结婚，尽管户口在农场，也未安排工作，而女婿又在部队服役，女儿带着小孩没有固定收入，生活艰难。他们反映过几年都没有着落，抱着试试看的心理，据说找了多次才找到我。我经过查访，认定情况属实，并且还很特殊，通过多方做工作，终于解决了他们的问题。两老为了感谢我，硬是省吃俭用买了两瓶好酒来看我，被我谢绝了。一个领导者，手中有一定权力，找你求你的人自然就多，必须时刻保持清醒的头脑。拒绝让下属进我家门就是堵住送礼最好的办法。虽然失去了一些交友的机会，也可能得罪一些人，甚至连考核时形成了与干部沟通不够的意见，但换来的是清静、安全。清静可以有时间读书、思考、健身，安全可以轻松、少忧、睡好。

几十年的工作生涯，我遇到过不少困难和挫折，每次我都翻开这首词读读，也是给自己打气。闲暇时光，我比较喜读《毛泽东诗词》和《毛泽东选集》，诗词给我力量，而所有的思想方法和工作方法几乎都可以在选集中找到。怎样破"难"？尤其是涉及群众切身利益的矛盾，必须大胆而又谨慎理性地处置。我的方法就是坚持走群众路线。一是相信群众，切忌不要把群众放到对立面；二是引导群众，注意站在群众的立场讲道理，做耐心细致的说服教育工作；三是依靠群众，让群众选出代表参与处置全过程，特别是群众关切的问题要公开透明；四是感化群众，与群众面对面沟通，消除对抗心理，赢得群众的理解和支持。实践让我深刻体会到，有了群众的理解和支持，没有办不好的事。

农场工作不到一年，我离开时本不想惊动任何人悄悄地走，所以决定在星期日离开，只有办公室的个别同志前一天晚上才知道。星期日早晨天刚亮，我和司机装好行李准备动身，不料来了很多干部和职工含泪相送，令我非常感动。我想，权力是党和人民给的，如果能很好地运用权力为人民服务，就能得到人民群众的肯定；心中时刻装着老百姓，老百姓就永远不会忘记你。

"苦不苦，想想长征二万五；累不累，想想革命老前辈。"革命战争年代，"没有枪没有炮，敌人给我们造"。新中国成立后，在一穷二白的

基础上建设社会主义，其困难可想而知。当今时代，挑战是空前的，每个人工作中的困难和心理上的压力也是常有的，但只要我们沉心坚守，静心谋划，用心笃行，天无绝人之路，相信办法总比困难多。

自律是最好的自由

（2021年10月11日）

一场突如其来的新冠肺炎疫情，尤其是变异毒株的传播，悄然改变着人们的生活。随着全国中高风险地区的"清零"，又正逢国庆长假，人们纷纷走出家门，投入大自然的怀抱。

女儿向往内蒙古的金秋红韵，我们坚持不坐飞机高铁，最后妥协的结果是自驾去桂林，选定了龙胜的龙脊梯田和阳朔的遇龙河。考虑疫情刚刚稳定，我们一路恪守"戴口罩、勤洗手、保距离"的警示。我们相信，有了这样的自律，大家都会相安无事。

到了景区入口，虽有工作喇叭反复提醒，大都也能遵守，但始终如一地坚持却很难，很多人过关卡后似乎就把警示抛诸脑后了，或者根本就是为了应付检查。然而，最为简单却让我始终费解的还是排队问题，与之前比较，排队文化确有进步，但要保持距离的排队，却很难做到。做核酸检测如此，注射疫苗如此，医院挂号缴费、坐电梯看门诊如此，上高铁飞机更是如此，等等。本来，静心地等待就很烦，有人时不时来个插队，要想让人平心静气地容忍那就更难了。有的时候，看见大街人行道上常有三五成群者排着横队大步前行，只可惜不是纵队。让本就不宽的人行道更加拥挤，真叫人哭笑不得。

　　思绪回到三十年前，我随中国青年代表团（百人团）出访日本。首次走出国门，我对一切都是那么地新鲜好奇。在日本研修的一个月时间，认真观察思考社会现象，有一件事让我记忆犹新。周日清晨，天还蒙蒙亮，我透过玻璃窗观看马路风景，有个日本人在路口等绿灯的时间足足有一分钟以上，而路上根本没有一台车驶过，待绿灯亮了才过马路。我当时认为，按我们的惯性思维，这个人是傻，没车过，又没人监督，明明起早赶路，为什么要傻等呢？事后了解到，这是日本社会的自律意识在发挥作用。

　　日本人口多，特别是东京人口密度大，显得很拥挤，但日本人都守规矩，法规观念非常强。在日本，不管干什么都排队，连三人也自成一队，没有插队的行为。所以，人虽多，但有条不紊，井井有条。汽车、行人都遵守交通规则。有人行横道指示灯的道口，绝对是人让车，但在无人行指示灯的小道口，绝对是车让人，根本没有人在无人行横道线的地方横穿马路。他们那么自觉，从不乱来。在日本，虽然汽车如流水，特别是周末，但车辆被堵死的现象却很少，即使开得不快，也都在缓缓而行。令人惊奇的是，在日本一个月，我没有听到过一次汽车喇叭响（除消防车外）。在这方面，我们的差距就太远了。有人说日本人活得太累。我不这么看。如果只有少数人这么做，的确很累，但大家都这么做，秩序好了，反而就不觉得累了。

　　后来，出国的机会多了，比较越多，感受越深。在社会中，无论何时何地，无论同行独行，无论人前人后，当我们把自律当成一种习惯，那就离真正的自由不远了。从这个意义上来说，自律是最好的自由。

夯实农信转型发展的组织和人力基础

（2019年5月）

湖南省已全面完成农村信用社股份制改革任务，全部组建为农村商业银行，转型发展尤为迫切。目标已定，关键在人。

任重道远

从形势任务看。湖南省农商银行正处于实现转型升级的攻坚时期，正处于风险防控的关键时期。金融业对外开放的步伐加大，乡村振兴战略的实施，使农商银行赖以生存的农村经济迎来前所未有的好机遇，但机制还没有换，管理方式仍是"穿新鞋走老路"，迫使我们必须加快建立面向市场、适应竞争、促进发展的人力资源管理机制。世易时移，农商银行身处的经济形势、金融业态、竞争格局、生态环境以及自身条件，都发生了重大的变化。这就需要我们因势而谋、应势而动、顺势而为，不能再墨守成规，要敢于改革、勇于创新，为转型发展服务。

从使命责任看，组织部门是党委的重要职能部门，担负着为党委选干部、配班子，建队伍、聚人才、抓基层、打基础的重任，职责重大、使命光荣。近年来，省联社和各办事处的组织人事部门认真落实省联社党委决策部署，自觉履职尽责，积极主动作为，做了大量的工作，取得

了较好的成绩。但我们绝不能有任何懈怠，要清醒地认识肩负的职责使命，切实增强紧迫感、责任感、使命感，主动作为，积极担当，不断巩固和发展省联社组织人事工作守正创新、向好向上的大好局面，为湖南农信转型发展提供坚强的组织保证和人力支撑。

从问题挑战看，湖南省农信系统组织人事工作还存在一些差距和不足，有的党组织主体责任落实不到位，干部选任的制度化、规范化不够；一些地方政治生态还有待进一步净化，一些地方存在任人唯亲、论资排辈、照顾关系的现象；从严管理监督干部还有差距，干部违纪违规和"四风"问题的举报不少；年轻干部培养教育力度不够，出现人才断层现象；一些干部的工作能力和管理水平有待提高，担当精神不强，创新意识不够，所在机构发展慢、问题多、风险大、等级低；一些农商行劳动用工管理不严，薪酬管理混乱，基本制度缺失，基础工作薄弱；有的机构"近亲繁殖"和"在编不在岗"现象严重，部分职工的工资收入水平较低，合理有序的工资收入分配格局尚未完全形成，员工的工作积极性、主动性、创造性不强；有的机构员工总量不断增加，人浮于事，对未来网点智能化、服务自助化和金融网络化引起的减员形势估计不够，留下冗员"包袱"；一些单位在签订和解除劳动合同，同工同酬，内部退养，留用工管理，原临时工、劳务派遣用工劳动关系处理等方面不依法依规，涉及劳动权益的矛盾较多，信访上访不断；行政化、粗放型的人力资源管理思维习惯和工作方式难以纠正，符合现代金融企业制度要求的人力资源开发和管理机制远没有建立起来。逆水行舟用力撑，一篙松劲退千寻。要牢固树立问题导向，大力发扬钉钉子精神，坚持新问题和老问题一起解决，坚持共性问题和个性问题同时突破，坚持治标和治本协同推进，久久为功，不断提升工作水平。

坚持高标准严要求

"高标准、严要求"是党的十八大以来从严治党的鲜明特色和关键词，也是我们推动组织人事工作再上新台阶的基本要求。要认真落实中央省委要求，将规定动作执行到位，将高和严的要求落实到位。

一要坚持高标准，切实加强政治建设和理论武装。坚持全面从严治党，把政治建设摆在首位，作为统领党的建设全局的根本性建设，是党的十九大关于新时代党的建设作出的新论断新要求，是习近平新时代中国特色社会主义思想的重要内容。组织人事部门要把政治建设作为根本性建设，确保全系统各级党组织和党员干部在政治立场、政治方向、政治原则、政治道路上同以习近平同志为核心的党中央保持高度一致。要引导全体干部和党员在学懂弄通做实十九大精神上下功夫，在学习贯彻维护党章上下功夫，在推动形成正气充盈的政治生态上下功夫，在坚持贯彻省联社党委安排部署，确保政令畅通、步调一致上下功夫。要把习近平新时代中国特色社会主义思想和党的十九大精神，作为谋事决策的指南，作为干部教育培训的主课。要按照习近平总书记关于领导干部能力建设的要求，不断增强学习本领、转型发展本领、改革创新本领、带班本领、防控风险本领，增强党员干部领导新时代农信转型发展的各项本领。

二要坚持严要求，一丝不苟抓好巡视整改。抓好巡视整改落实，是贯彻落实省委决策部署的具体行动，是事关政治方向、政治立场、政治纪律的重大原则性问题。省委"机动式"巡视组对我单位反馈问题的整改是一项艰巨任务，也是一项系统工程。立行立改的一些任务已经整改到位了，还有一部分需要长期动态整改、建章立制。必须认真履职尽责，加大工作力度，紧盯不放、对账销号，切实做到责任不落实坚决不放过，问题不解决坚决不放过，整改不到位坚决不放过。同时，要着眼长远、举一反三，制定和完善一批管长远、治根本的有效制度，坚决防止问题查而复来、纠而复生。尤其对违规在非工资科目中列支工资性支出及福利、在编不在岗、干部员工轮岗等，要尽快清退清理整改到位，任何人不得心存侥幸、讨价还价，对不落实整改的要从严查处，对相关领导干部从严问责。

三要树立好导向，选优配强各级领导班子。干部选任是组织人事

部门的首要职责。要按照现代金融企业的要求，树立干部选任标准，既重道德品性，又重业务素质，既看工作业绩，也看能力潜质。第一，要突出政治标准，把好政治关、品行关、廉洁关。能力再强的干部，政治上不过关的坚决不用。第二，要注重专业能力，重在事业为上、依事择人、人事相宜。坚持以事选人，就是要根据农信事业发展的需要，具体岗位职责的需要，看谁更优秀、更合适，多考虑"该用谁"而不是"谁该用"，把合适的人配到合适的岗位上，让专业的人干专业的事。第三，要坚持实践标准，不简单地看文凭看职称、看年龄看经历、看干过什么分管过什么，关键看干成了哪些事，干得怎么样，管得怎么样，业绩怎么样，能不能把工作准确地说清楚，进行专业分析，参与科学决策，精准抓好落实。第四，要把握精准科学，做到考准、查实、研深。要发挥党组织的领导把关作用，完善党委讨论决定干部任免事项议事规则和决策程序，确保每个程序、每个环节都充分体现党组织的主导地位和集体把关作用。要改进推荐考察方式，全方位、多角度、近距离考察识别干部，把功夫下在平时，切实改变不考察不去了解干部，不提拔不与干部谈话，不调整不与干部接触的做法。要加强综合分析研判，全面地、历史地、辩证地评价干部，横向比较看人选之间差异，前后分析看干部发展变化，注重其一贯表现和全部工作，不仅要看现在工作业绩，还要看他留下什么，打了什么基础。一家行社班子强在哪里，弱在哪里，干部的适岗能力、发展潜力怎么样，都要心中有数。第五，要严格干部监督。扯袖子、咬耳朵的工作，组织部门要多做，防患于未然。要健全日常谈话提醒、函询诫勉等机制，坚持时时严、处处严、事事严，对干部身上的苗头性、倾向性问题，早发现、早处理。要加强对"一把手"的监督，规范"一把手"的职责权限，完善议事决策程序，强化上级党组织对下级"一把手"的管理监督，形成对"一把手"权力的有效制约。要严格执行领导干部个人有关事项报告制度，做好重点抽查和随机抽查。要推动领导干部严格教育管理亲属子女，净化生活圈、朋友圈，培养健康的兴趣爱好，树立文明家风。

四要适应市场规律，激发人力资源的活力。农商银行是经营企业，要淡化行政级别，按企业的规则办事，人力资源的管理和开发要体现企业特征，符合市场规律。做好人员"存量"文章。当前，全系统用人矛盾不是总量的问题，而是结构的问题、机制的问题，人力资源"不良资产"多。作为一个企业，没有一个优胜劣汰的竞争机制，没有一个奖勤罚懒的考核机制，搞大锅饭是不行的。要充分发挥现有人员的潜力与作用，盘活人力资源中的"不良资产"。要加大绩效考核挂钩力度，积极应对女职工生育、阶段性中心工作等用工矛盾，解决临时性、阶段性缺员和整体上人员过多、人浮于事的矛盾。对辅助性、服务性等业务岗位，鼓励法人行社采用业务外包形式进行管理，控制用工成本支出，防范用工风险。要加强年轻人才培养使用。这是我们系统当前一项紧迫任务。年轻人才不迅速成长起来，我们的事业就难以薪火相传、基业长青，一定要认识到做好这项工作的重要性、紧迫性。从整体来看，农信系统青年人才群体的基础较稳固。关键要做好对他们的教育培养和锻炼使用，让人才在多种形式的竞争、比拼、加压和考验中脱颖而出。要重视年轻人的成长，从生活、住宿、环境、人生价值实现、学习培训提高等方面给予关心，建立后备人才库，对后备人才要加强锤炼、从严管理、及时使用。要完善新员工招聘工作。完善新员工公开招聘的方式、条件和程序，继续实行统分结合的新员工招聘方式，逐步扩大自主招聘范围，探索校园招聘，多渠道招人进人；继续坚持亲属回避制度，从源头上防止"近亲繁殖"；要充分考虑互联网金融发展、智能化自助设备投入对人力的替代作用，从总量上做"减法"，从严控制新招员工数量。要探索创新法人行社工资总额管理的机制，合理确定年度工资总额，开正门、堵后门，建立健全与劳动力市场基本适应，与农商银行经营效益挂钩的工资决定和增长机制，充分调动员工的积极性、主动性和创造性，进一步激发机构创造力和提高市场竞争力。

关键在落实

习近平总书记反复强调，"一分部署，九分落实"。如果不沉下心来抓落实，再好的目标，再好的蓝图，也只是镜中花、水中月。

一要落实在加强制度建设上。省联社成立以来，先后制定下发了多个组织人事工作方面制度办法和规范性文件，并积极组织实施，制度在管权、管事、管人方面发挥了积极作用。但是我们也要看到，选人用人制度缺失和不按制度规范操作，是法人行社在选人用人方面信访举报和诟病最多的地方。从信访和检查的情况来看，有的行社没有制定选人用人的制度，每次干部选任临时做方案，资格条件和程序都不一样；有的党委会上临时动议研究干部，没有酝酿动议、推荐或竞聘，"一把手"说了算；有的把关不严，审核考察工作不到位，刚提拔就被追究责任，追完责又重用。要组织对组织人事工作规章制度和文件的清理，做好废改立，做到有章可循、有规可依。法人行社要建立本级党委选人用人的制度办法，并严格按制度执行。必须坚持党委的领导和把关作用，履行必要的程序，严禁一个人说了算；必须强化干部工作信息公开，主动接受社会和群众的监督，防止"带病提拔"。

二要落实在督促检查上。督促检查是抓落实的重要手段。决策虽然正确，但如果落实和执行的过程中走了样，不仅造成巨大的人力物力浪费，而且影响组织的公信力和单位的形象。狠抓工作落实，必须用好检查这把"利剑"。要把巡视巡察反馈的选人用人问题、干部日常管理、干部"担当作为"情况及劳动用工管理、薪酬发放作为检查工作的重要内容。对检查发现的问题，要认真研究梳理，列出问题和责任清单，明确时限要求，要坚持有什么问题就整改什么问题，是谁的问题就由谁来负责整改，同时举一反三、由点及面，推动更大范围内整改。要紧盯责任主体，管住管好"关键少数"。

三要落实在为员工服务的具体工作上。要持续用力做好干部教育培训、人事档案、养老保险、企业年金、职称评定等直接关系到广大员工的工作生活、福祉利益的工作。要经常深入基层调查研究，了解基层情况，掌握员工动态，倾听真实想法。抓落实，还要增强预见性，及时发现、尽早处置矛盾和问题，努力使简单矛盾不演化成复杂矛盾，小问题不延误成大问题，尤其是对涉及干部选任、劳动权益等方面的信访举报，要及时受理和反馈，不能因为工作疏忽大意，将小问题引发成网络炒作或上级关注的大热点。要启动实施人力资源管理信息化建设，实现对员工管理的自动化，提高工作效率。

四要落实在加强自身建设上。组织部门是管干部的部门，组工干部是管干部的干部，职能特殊、岗位特殊、身份特殊，要重视自身建设，敢于善于落实，追求模范过硬，始终做到敬业、严谨、创新、守规、关爱。"敬业"，就是要强化大局意识，对党忠诚、对组织老实，政治上靠得住。要胸襟宽广，敬终如始做好工作，甘于给人支撑、乐于成人之美，可为人梯、可作嫁衣、可当绿叶。"严谨"，就是要把认真细致严谨作为必须恪守的职业准则，想问题、出政策、办事情必须想之又想、细之又细、慎之又慎、严之又严，坚持标高基准、精益求精，注重"做"、更注重"做好"，注重"量"、更注重"质"的提升。"创新"，就是要在坚持继承传统和行之有效的做法的基础上，适应农信事业发展的新情况新要求，树立市场化思维和企业化理念，不固守成规，不简单套用党政机关做法，自觉探寻和运用金融企业单位组织人事工作内在规律，创新职能定位、价值目标、工作思路、体制机制、方式方法，在创新中发展。"守规"，就是要有自重的觉悟、自警的清醒、自律的底线。严格按原则和政策办事，严格按制度和规定办事，清正廉洁、作风正派，自觉同不正之风作斗争。"关爱"，就是要把组织人事部门建成干部员工之家，热忱关心干部员工成长，多设身处地替干部员工着想，努力解决干部员工面临的实际困难，使干部员工感受到组织的关怀和温暖。

257

农信机构党组织如何在基层治理体系中发挥作用研究

——以湖南农信系统为例

（2020年9月）

习近平总书记在党的十九大报告中提出，要加强社区治理体系建设，推动社会治理重心向基层下移，发挥社会组织作用，实现政府治理和社会调节、居民自治良性互动。农信机构作为面向广大农村及基层社区提供金融服务的社会组织，在基层治理体系中的地位不可取代。面对新冠肺炎疫情发生后国内外新形势带来的各种挑战和机遇，如何发挥农信机构党组织在基层治理中的作用，无疑对推动基层治理体系构建，促进国家治理现代化有着非常重要的现实意义。

一、当前湖南农信党组织融入基层治理体系建设情况

目前，湖南农信系统共有基层党组织2087个，其中，党委104个，党总支部14个，党支部1969个。共有党员21574名，其中在岗职工15968人，离退休人员5606人。按照"支部建在支行、网点都有党员"的原则，进一步健全了基层组织设置，全省4004个网点遍布城乡，每个网点至少派驻一名党员，是一支人数众多、分布甚广、学历水平较高、年龄

结构稳定的党员队伍。湖南农信系统根据党支部"五化"建设要求，坚持开展示范党支部选树活动，每年选树一批组织健全、队伍过硬、服务优良的党支部，通过培育先进、树立典型、以点带面，高质量完成全系统党支部标准化建设，有力提升基层党组织创造力、凝聚力和战斗力，为充实基层治理体系组织力量提供了有效保障。

为充分发挥基层党组织作用，有效融入基层治理体系建设，自去年7月1日以来，湖南农信系统扎实推动"党建共创、金融普惠"行动，与地方各级党组织签订党委共建协议2010份，支部共建协议28627份，协议签订率达到100%；明确金融组织员2403名，金融协理员32355名，金融联络员82269名，"金融三员"实现全覆盖，派驻"金融村官"10324名，推动整村授信、业务拓展、不良清收等中心工作与地方基层治理共融共通，初步形成了党委合作共建、支部协同共建、党员互助共建"三级共建"机制，基本上建成了"横向到边，竖向到底"的基层网络体系，通过信息共享、资源共用，将普惠金融与基层治理融合推向新高潮。例如，蓝山农商银行积极主动向县委县政府主要领导汇报，全面融入综合服务平台"一门式"服务窗口建设，获得"主办银行"资格，将金融触角延伸至全县所有行政村（社区）。巴陵农商银行以基层治理网格化为基础，联合各乡镇（街道）将辖内行政村（社区）分成若干片区，建设了区域管理的三级维护体系，成立以客户经理、内勤人员和金融协理员为成员的三级联动维护小组，包片联点提供安全高效的金融服务，推广传播金融知识，维护当地金融安全，使普惠金融与社会治理得到了高度融合。

疫情防控期间，湖南农信系统积极捐款捐物，支援为疫情所困的人民群众和奋战在防疫一线的医务人员。捐款3000余万元，捐赠物资（主要为医药、生活及防护用品、两台救护车）400余万元。各农商银行依托"点多面广人多"优势，通过走访慰问疫情一线工作人员，帮助排查居民、测量体温，运送物资等行动，融入村组、社区抗疫队伍中，主动积极地参与到了疫情防控阻击战之中，充分发挥基层党支部在基层治理体系中的战斗堡垒作用。例如，郴州农商银行部分党员与社区联合成立

临时党支部，轮流为辖内小区值守，带头对小区消毒、排查，做好防疫知识宣传，全力投入疫情防控战斗，联合街道，采购新鲜蔬菜赠送医院和社区，积极为行政村（社区）疫情防控贡献农商力量。

为积极响应党中央和省委省政府的号召，全面支持复工复产，湖南农信系统各级党组织充分发挥与地方各级基层党组织的共建共治的合力，下沉工作重心，摸清底数，分门别类，以信息共享为前提建立完善客户档案，对于受疫情影响较大的行业以及经营出现暂时困难的小微企业合理采取续贷、展期等信贷政策，帮助企业顺利渡过难关，加大对涉农企业的信贷投放，全力支持粮食、生猪、农机等产业链发展，为涉农企业、小微企业、新型农业经营主体和广大农户纾困解难。截至6月末，湖南农信系统涉农贷款余额4534亿元，占各项贷款的67.44%，1—6月累计发放农业贷款2203亿元。例如，常德农信系统积极联系相关政府部门，与常德市畜牧水产事务中心联合下发文件，明确了在常态化疫情防控中加强信贷支持生猪产业发展工作，进一步支持生猪产业复产稳产保供，助力生猪产业高质量发展。截至6月末，全市生猪养殖贷款客户805户，贷款余额17155万元。

为积极适应疫情后人们生活、消费习惯的改变，各农商银行持续优化线上金融服务，将金融服务和社会服务功能结合在一起，实现一站多能的综合服务，将金融服务和社会服务触角延伸到了居民家门口，真正实现普惠到家。例如，长沙农商银行8家支行党支部与长沙市不动产登记中心共建共创，联合设立"互联网+不动产抵押登记"便民服务点，覆盖全长沙城辖内五区。便民点借助人脸识别、电子证照、"互联网+"等先进技术，通过标准化房抵快贷业务与不动产登记中心系统无缝对接，实现不动产抵押登记"不见面审批"和"一站式办理"，实现了"马上办、网上办、就近办、一次办"的高效率，是湖南农信基层党组织助力基层治理的一个典型案例。

总体来看，农商行基层党组织已成为乡村基层治理体系中有效的基础力量和重要的桥梁纽带。在金融服务"三农"工作中发挥了推动发展、服务群众、凝聚人心、促进和谐的战斗堡垒作用，基层党建工作与基层治理有序推进，与基层治理体系的沟通协调机制正在形成，服务群众能力得到提升。在促进社会治理与稳定方面起到了非常重要的作用。

二、后疫情时代基层治理面临的挑战与机遇

新冠肺炎疫情防控的显著成效，全面展现了"中国之治"的制度优势。随着疫情防控工作转向常态化，机遇与挑战并存的"后疫情时代"也随之到来，必须认真研究分析基层治理面临的"危与机"。

重要挑战

1.国际政治博弈传导到国内基层治理的压力不断增加

当前，新冠肺炎疫情正在对大国关系和全球化进程产生重大影响。疫情带来的制度之争日益激烈，国际关系格局也面临大的调整。另外，实体经济增长乏力和全球性贸易摩擦引发世界性经济减速，并进一步蔓延至金融、科技等领域，全球经济陷入"寒冬"，居民就业、收入、消费持续走弱，也给基层治理带来了新的挑战。

当前，我国社会和经济发展进入新的阶段，经济体制和社会体制都在不断经历变革，人口快速流动、迁徙，导致社会结构不断分化、组合，给传统行政管理带来难度；数字化、网络化、信息化加速发展也使基层矛盾出现"乘法效应"，基层治理面临巨大挑战。尤其在这次疫情防控战中，不少基层党组织的软弱涣散暴露无遗，加上依法治理力量不足和基层干部威信不高等问题，使基层治理难度增大。

2.经济金融风险对基层治理的影响日益深刻

受新冠肺炎疫情冲击的影响，全球金融出现了剧烈动荡，金融系统面临了前所未有的挑战。国内外经济下行压力导致企业遭遇生存危机，大规模政府救助与经济刺激措施，使企业债务规模进一步扩大，杠杆水平持续上升，对金融稳定形成冲击。面对财政、货币、监管政策的调整，银行通过放宽审核要求、降低贷款利率、大规模放贷缓解

企业资金困难，利润空间大幅收窄。市场原有的产业链、供应链、资金链受到了严重破坏，从而可能触发债务违约和信用危机，进而威胁金融体系和金融市场的稳定。人们生活方式和消费方式的调整，使金融科技发展也面临新形势，但是很多银行反应不及时，尤其是地方性中小银行，逐步暴露出产品服务创新不够，线上经营能力不足等短板，甚至有的银行因急于创新，只顾迎合市场，忽略了风险防范，造成了新的不稳定因素。

3. 农信机构融入基层治理仍然滞后

虽然湖南农信在融入基层治理体系中做了大量的努力，但审视当前工作，仍然存在一些问题和不足。一是缺少基层党组织融入基层治理体系的总体规划和工作机制，没有把参与和融入基层治理当作一项常态化任务来对待，缺少总体规划和精细化的工作部署，没有将改善和促进基层治理纳入绩效考核指标体系。二是金融科技力量不足，建设科技银行战略不明确，在现代信息科技应用上投入不够，不能充分利用现代信息技术处理银行业务，未能形成全省统一的普惠金融数字化平台，金融科技拓展普惠金融的广度和深度不够，信息传递渠道受限，农商银行与地方党委、政府依然存在信息孤岛现象，严重影响了农商银行在基层治理体系中的作用发挥。三是缺乏政治优势，没有与各级地方党政形成自上而下常态化共建机制，在基层治理体系方面，仍然是各个农商银行，乃至各个基层支行"单打独斗""小打小闹"，没有获得"官方认可"，没有形成规模，在基层治理中的作用没有得到充分发挥。

主要机遇

1. 深化改革、科技创新和经济内循环加速

后疫情时代，面对国际形势的突变，我国必将从容应对，在坚决维护党的坚强统一领导的前提下，加快供给侧结构性改革和科技创新驱动，强化顶层设计，重点培育实体经济，建立起完善的经济内循环运行体系，如期实现全面建成小康社会和决胜脱贫攻坚，这将为我国不断健

全并完善基层治理体系提供机遇和条件。以"内循环"为主的新发展格局慢慢形成，推动国内经济向精细化、扁平化发展，中小微企业、个体工商户、农户等也将迎来新的发展高潮，作为以上述市场主体为核心客户的农商银行来说，如何准确把握时代赋予的新机遇，迅速融入基层体系，以金融内循环带动消费、投资、服务、科技等内循环发展，是当下面对的主要课题。

2. 我国建立健全基层治理体系步伐加快

相比国外，我国的基层治理体系在此次疫情期间展现出了强大的组织力与执行力，各基层主体应该及时总结在宣传动员、群防群治、资源调拨等方面的成功经验，在承接现有基层治理实践中的抗疫成果基础上，强化党建引领作用，推动数字技术赋能，创新合作形式，加深党组织共建力度，推动以基层党组织赋能基层治理体系发展迈向新台阶。未来，在国家治理体系和治理能力现代化的进程中，金融将发挥重要作用，中小银行业也将成为基层社区治理的金融支撑。例如，农商银行作为最贴近基层一线的地方性金融机构，不仅营业网点（基层支部）遍布大街小巷和村村寨寨，给广大居民送去了可靠金融服务，更是深度参与和支持了大大小小的城乡建设，与基层治理体系实现了共生共荣。

3. 金融科技力量不断升级完善

金融作为实体经济的血脉，任何变化对经济发展都将产生重大影响，后疫情时代，面对复杂的国内外经济形势，以及金融数字化转型进一步加速的现象，金融机构必将围绕实体经济运行和新旧动能转换重大工程中的金融需求，贯彻新发展理念，落实高质量发展要求，以供给侧结构性改革为主线，在维护金融安全的同时为经济转型升级提供强大支撑。对于深深扎根于基层，一直以传统物理网点吸引客户的农商银行来说，这是时代送给我们的绝佳机遇，只要不断升级完善金融科技力量，开启"线下为基、线上为翼、地空立体作战"的数字化转型，将"人多面广、人熟地熟"的传统优势加持放大，就能在激烈的金融市场竞争中站稳脚跟。

三、湖南农信融入基层治理的对策及建议

基层治理是国家治理的基础环节。中国共产党是中国特色社会主义事业的坚强领导核心，代表中国最广大人民的根本利益，加强和改善基层治理必须发挥好党组织的作用，农商银行系统党组织需要强化基层党组织的整体功能，扎实履行自己的使命和担当。

(一) 加强党的领导，奠定融入基层治理体系组织基础

一是按照"支部建在支行，网点都有党员"的原则，进一步健全基层组织体系。抓好党员常态化教育监督管理，落实好"三会一课"，党员领导干部双重组织生活，民主评议党员等基本制度，不间断持续培养更多优秀的基层党组织书记，加快推动党支部标准化和规范化建设，把基层党组织建成坚强战斗堡垒，为广大党员提供阵地保障，筑牢党在基层的思想堡垒，推动基层治理各项举措落实。二是引导基层党支部持续下沉工作重心，以深入推动党建共创与金融普惠深度融合工程为抓手，继续夯实"三级共建"基础，抓稳抓牢与各级地方政府基层党组织共建平台，建立稳定的长效机制，积极融入社会网格化管理，做好服务基础工作，进一步拓展普惠金融的广度和深度，将服务"三农"的职责和农商银行的发展更好地融入基层治理之中。

(二) 坚持战略定位，制定融入基层治理总体规划

后疫情时代，我国社会经济发展不平衡的矛盾将进一步凸显，普惠金融显然成为破解这种不平衡的有力抓手。疫情使得短时间内，实体经济、消费市场遭受重创，高端大企业可以通过自身的资本积累及银行支持渡过难关，而一些自身实力薄弱，金融服务不足的普通中小企业、个体工商户等，往往难以支撑，而这些中小市场主体其实是扩大就业、稳定增长、繁荣市场等方面不可或缺的有生力量。基于此，作为普惠金融的排头兵，湖南农信系统要承担起社会责任，坚持服务"三农"、服务县域、服务小微的市场定位不动摇，专心致志投身于做小做散、支农支

微，让更多的中小企业和百姓均等地享受到全面的金融服务，通过丰富贷款产品，因地制宜拓宽无本续贷、无抵押首贷等贷款形式，形成具有普惠金融特色的服务品牌，制定参与或融入基层治理工作计划和具体措施，完善工作机制和责任落实考核指标体系等手段，全面连接每个家庭和有需求的民营小微企业，提供足额、便捷、便宜的金融服务，将服务实体经济发展作为防范金融风险的根本举措，积极参与和推动城乡社区治理体系和治理能力现代化建设，助力打造共建共治共享的社会治理新格局。

（三）强化现代科技应用，提升基层治理工作质量效率

农信基层党组织参与基层治理，重点不仅仅在于治，更在于服务。后疫情时代，5G、大数据、数字化、"零接触"等成为新的关键词，2020年中央一号文件提出，开展国家数字乡村试点，加快构建线上线下相结合的普惠金融服务体系。在国家推动农业生产精准化、管理服务智能化、乡村治理数字化的过程中，湖南农信系统要及时反应，深度挖掘和利用各项涉农数据资源，创新推广基于大数据的普惠金融业务模式。各农商银行要以省联社搭建的信息科技平台为依托，充分利用互联网、人工智能等科技手段持续创新金融服务、业务产品，通过强化科技赋能，降低基层治理对相关管理人员的依赖度，提升工作质量效率。要使数字普惠金融成为数字乡村建设的重要金融基础设施，为持续打赢脱贫攻坚战，实施乡村振兴战略提供坚实的金融支撑。一要加大自身科技人才的培养和储备，组建党员攻坚队，根据自身需求，着力开发适用的科技系统。打造综合金融解决方案，将金融服务嵌入政府平台、产业互联网平台、供应链平台等，为企业及个人在线预约、结算账户、在线申请贷款等方面赋能，实现金融产品服务下沉。同时，梳理已有产品，通过优化正在使用的福祥e贷、手机银行、网上银行等线上产品与服务，逐步推动线下产品向线上迁移、高频产品与低频产品相结合，增强用户黏性，提高人民群众满意度。二是依托分布广泛、遍布城乡的基层组织，在全系统普及"线上+线下"服务模式，坚持"金融+科技"的数字化转

型方向，通过保留线下深度服务的传统优势，全力反攻线上，最终实现线上线下融合，做到线上服务"有温度"，线下服务"智能化"，以普惠金融为抓手推动基层治理。三是要重视系统运用体验感，不断向一线使用人员征求意见和建议，尽可能了解用户诉求，从客户行为、购买数据等对客户进行画像，从而挖掘客户需求，更好地优化客户体验。

（四）逐步建立和完善"一平台，五机制"，优化参与基层治理工作机制

为建立科学、完整、规范的普惠金融体系，推动普惠金融常态化，实现用金融赋能基层治理的目标，全系统要加强对各项工作关联性、系统性、可行性研究，逐步建立和完善"一平台，五机制"，即建设"普惠金融数字化平台"，建立普惠金融组织联动机制、普惠金融信息共享机制、普惠金融信用保障机制、普惠金融风险防控机制、普惠金融成果评价机制。下一阶段，全省农信系统要着力推动"一平台，五机制"落地落实，充分满足人民群众对金融服务的需求。一是优化合作环境。湖南农信系统各级组织要将地方各级政府的中心工作纳入年初规划，确定服务县域经济社会发展、服务当地社区治理的工作目标。要落实落细与地方各级政府的层级对接机制，以基层党组织和基层共产党员为纽带，连接基层治理中的行政主体与社会主体，将对接行动指标化，形成以"主动汇报、定期走访、频繁互动"为主要形式，以"自上而下，分级维护，任务到人"为主要原则的考核机制，通过召开联席会议，组建完整的金融"三员"队伍，落实"金融村官"制度，实现农信系统与各级政府人员共通、信息共享、情感共融，让农信系统基层党组织以"同盟者"的身份参与地方政府"一门式"政务服务创新与实践活动，融入基层治理体系，大力推进统一的数据共享交换平台建设，打破部门业务壁垒，变"群众跑腿"为"信息跑路"，共同打通政府各部门、各层级的业务办理平台，推动实现"最多跑一次"的基层治理服务目标。二是优化数据环境。后疫情时代，谁掌握了数据谁就获取了参与基层治理的入场券。各农商银行必须以大走访为契机，通过支部协同共建、党员

互助共建，主动融入数字基层治理大格局，协同地方政府建立健全农村人口、资源、产业等基础数据管理体系，及时掌握、分析、整合金融数据、黑名单数据、征信数据等行内大数据，以及政务数据、第三方反欺诈数据等外部大数据，以大数据技术推动社区银行、智慧银行建设，探索建立基于大数据分析的定价体系，提升风险管理水平。三是优化服务环境。突破传统的网点布局形式，探索构建符合新型城镇化背景下城乡社区特色的社区银行体系，以"因地制宜、分步实施"为原则，根据实际情况，选择增加政务、电商、物流、健康等一个或多个功能要素，打造"多位一体"的综合服务网点，并将其纳入网点提质改造计划，结合党支部"五化"建设和网点"五小建设"，逐步实现普惠金融服务点、服务站和服务店的全覆盖。四是优化信用环境。农信系统基层党组织不仅要继续发挥与地方党政共建优势，通过专门培训、金融夜校、日常普及、贷款清收等方式提高社会群体信用意识，更要推进社会信用体系机制化、常态化建设，联合地方政府将信用户、信用村、信用乡镇建设情况分别纳入乡镇（街道）与农商银行年度规划中，并与绩效考核、评先评优挂钩，以点带面，层层推进，净化基层信用环境，落实普惠金融信用保障机制，为经济发展注入净水。

（课题组成员为周剑兰、钟治平、杨均天等）

锻造农信人才队伍"金字塔"

（2021年1月）

人才是农信事业的生命线，人才兴则事业兴，人才强则实力强。习近平同志强调："要大力培养、选拔、使用政治过硬、作风优良、业务精通的金融人才，努力建设一支宏大的德才兼备的高素质金融人才队伍。"农信系统组织工作要立足于人才队伍建设这条主线，积极做好人的文章，不断强化组织工作创新力度，在干部选拔管理、人力资源盘活、人才工程建设上花大力气、下苦功夫，旗帜鲜明地树牢导向，为高质量发展提供坚强的人才保障和支撑。

一、干部选拔管理突出三项机制

干部是农信事业的"领头雁"，是干事创业的"火车头"。火车跑得快，全靠车头带，抓好了干部队伍建设，就抓住了全省农信系统队伍建设的"牛鼻子"。为此，要突出抓好三项机制，不断夯实干部选拔管理基础。

（一）突出抓好门槛机制

在干部选任上，要注重严把三关：一是严把导向关。选人用人标准是一种导向，是一面旗帜，是一个标杆，用什么样的人，这样的人就会

越来越多，用好一个人，能激励一批人，带动一批人。要在全系统树立
"实绩重于一切"的风向标，强化想干事、能干事、会干事、不出事者
优先的导向。真正把"政治强、业务精、作风实、律己严"的干部提起
来，把"敢于担当、务实干事、业绩突出"的干部及时用起来，把作风
漂浮、不钻业务、碌碌无为的干部换下来，把热衷于"甩锅""投机""拖
沓""作假"的人挡在门外，让"有为才有位，有位更要为"的理念深
入人心。二是严把政策关。要把讲政治作为选人用人的首要标准和刚性
条件，引导农商银行高管人员带头树立"四个意识"，做到政治上绝对
可靠，对党绝对忠诚。全系统干部队伍在服务地方经济社会发展大局
中，始终能把握政治方向；推进工作时，切实贯彻好政治要求，注重履
行政治责任。三是严把程序关。在干部选任过程中，严格遵循中央、省
委及省联社相关文件精神，坚持在分析研判和动议、民主推荐、考察、
讨论决定、任职等环节上严格执行程序规定，促进干部选任规范化，确
保程序公开、方法公平、结果公正。

（二）突出抓好赛马机制

要健全"赛马机制"，形成竞争态势，用"赛马"方式选出"千里
马"，把业绩实、口碑好、讲奉献的干部选出来、用起来，激活农信队
伍干事创业的"一池活水"；要在农商银行开展中层干部竞争性选拔，
建立"双向选择"用人机制，探索全员竞争上岗，打造职业化团队，推
动形成"能者上、优者奖、庸者下、劣者汰"的竞争环境；要选好"伯
乐"，选拔业务精、作风实的优秀人才充实人事部门，让为人正派、政
治素质过硬、综合素质高、经验丰富、能知人善用的专业人员当考官，
选好选准"千里马"。

（三）突出抓好动态机制

对于干部不搞"铁帽子"，坚决摒弃"　考定终身""一任定终身"。
要通过开展政治建设考察和履职评价，对农商银行现有领导班子及班子
成员进行一次全面"政治体检""能力体检""作风体检"和业绩评价，

对其政治素质、职业素养、廉洁情况、决策能力、执行能力、创新能力、个人贡献等素质、能力和业绩等维度开展测评，对能力欠缺不胜任岗位的慵懒者，要刷下来，挪出位子，为有德有才的奋斗者让位，不能因其没犯错误就任其占着位子不干事，切实畅通"下"的渠道。要对现有干部及后备人才库进行动态跟踪管理，对于表现较差的干部，依据后备梯队淘汰机制进行淘汰，及时补充新鲜血液，努力形成能进能出、能上能下的动态管理机制。

二、人力资源激活落实三件事

"功以才成，业由才广。"农信事业要源远流长，农商银行要基业长青，必须依靠一支高素质的人才队伍来实现，为积极应对疫情和互联网金融的冲击和挑战，农信系统需大力培养锻造一支具备专业能力、专业精神、专业态度的人才队伍，不断强化业绩评价，加大教育培训力度，盘活人力资源存量，将人员优势转化为资源优势、人才优势、发展优势。

（一）推行全员绩效考核

大力实施全员绩效考核，按照"分层分类、量化评价、跟踪管理、奖罚分明"的原则，合理设置指标，探索建立定性与定量相结合，以定量为主，以责任结果为导向的业绩考核评价机制，强化全员绩效管理，建立和完善各类人才业绩档案，进一步树牢业绩为王的导向。另外，突出抓好对农商银行领导班子的考核，在对农商银行领导班子考核评价过程中，严格按照不良贷款风险"双十行"办法，对风险化解不力，新出现的高风险机构严格落实一票否决，严肃追究班子成员责任，对年末综合不良率不降反升新成为"后十行"的领导班子成员，经组织考核确认负有责任的，予以惩戒免职，落实问责机制，传导考核压力。

（二）抓实全面培训提升

大力落实教育培训"五个一"基本要求：即制定一个培训规划，出台《农信系统2021—2025年教育培训规划》和《农信系统员工教育培训管理指导意见》等配套制度，完善农信系统教育培训制度；打造一支师资队伍，培训师资坚持"以内为主、以外为辅"的原则，建立农信系统师资库，打造一批内部金牌讲师；谋划建设一个培训基地。建设一个教程课件库，按照统筹规划，分步实施的原则，逐步建设全系统各专业条线标准化、模块化教程课件；落实一项保障机制，建立职称评定和培训考核制度，将教育培训效果与员工晋级晋升、年度考核挂钩，对一些培训态度不端正、年度学习任务未完成、考试未通过的不得晋级晋升、评优。通过抓实教育培训，打造一支高素质、专业化、职业化人员队伍。

（三）注重全力盘活存量

全面开展人力资源盘点，摸清全系统人员现状、结构等基本家底信息，在此基础上开展相关分析研判，进一步优化结构，盘活资源，消化存量，打通出路。一方面，要强化劳动用工管理，制定实施劳动合同管理指导意见，明确劳动合同期满续签标准和员工不胜任岗位要求的认定标准，发挥劳动合同对现有员工能进能出的重要作用，传导压力，形成"鲇鱼效应"；另一方面，出台规范劳务派遣用工指导意见，进一步精简机构和人员，优化人员配置，提升人员效能。此外，还要畅通职业发展通道，出台职级管理办法，实行管理序列和专业技术序列双通道管理，建立管理人员、专技人员分类晋升通道，打破专技人员职业晋升瓶颈和天花板，畅通人才成长渠道，为"专家型"人才开辟发展路径，推进形成员工多通道晋升和管理，不断激活队伍活力和创造力。

三、人才工程建设深耕三个字

围绕"建设有温度的百姓银行"发展愿景，大力实施人才工程，培养和储备一批优秀人才，建立一个塔基扎实、塔身坚固、塔顶突出、塔尖精锐的"金字塔"形人才梯队体系，打造成人才基础工程、战略工程、导向工程、特色工程。

（一）基础工作要做实

在基础人才库的入选上，坚持优中选优，各类人才的推荐、审定过程中，始终坚持公开、公平、公正，农商银行党委、办事处党组要从严把关；在人才的管理上，树立开放式选人、开放式培养、开放式管理理念，实行动态跟踪管理，健全监督、人才考察、常态化调研工作机制，及时掌握"十百千万"人才的动态变化情况，构建能进能出、能上能下的体系，使人才队伍建设更具准确性、连续性、科学性；在人才的激励上，建立配套激励约束机制，加大激励力度，出台配套措施。尤其对"塔尖"精英人才在经济待遇上重点倾斜，按照其业绩和贡献单列计酬。

（二）培养方式要做活

出台分层次的人才培养培训规划，实行一人一档，建立培养成长档案。按"缺什么，补什么"的原则，采取有针对性的创新举措，践行外向型人才培养模式，持续培养教育，逐步补充完善培养方案，不断拓展培养方式。选送一批中层及骨干人员到省内先进地区、标杆行开展挂职锻炼，学习先进行的经营管理经验，推动形成学先进、当先进的良好氛围。对于年轻优秀人才，要放到农商银行的经营主战场去锤炼，放到困难地区、高风险行、艰难边远网点去磨炼，让他们经风雨、见世面、壮筋骨、增才干。

（三）重点特色要做亮

突出党委核心引领作用、党支部战斗堡垒作用和党员先锋模范作用的发挥，把人才工程和金融普惠先锋工程深度结合起来，打造成两张鲜明靓丽的名片。在金融普惠先锋工程纵深推进过程中，切实树立"围绕业务抓党建、抓好党建促发展"的理念，推行"双培""双推""双提升"模式，即注重选育结合，把优秀员工培养成党员，注重岗位实践，把党员培养成业务骨干；注重示范带动，把优秀党员推荐到关键岗位，坚持好中选优，把党员业务骨干推荐进"三会一层"领导班子；坚持党建融入，实现党建影响力和业务发展力"双提升"，把金融普惠先锋工程融入人才培养的各个环节。另外，切实加大典型宣传力度，定期开展"优秀党员""服务明星""岗位标兵"等一系列的评比活动，大力宣讲推广先进人物、典型人物，用他们的奋斗事迹、成才经验选树典型，不断激励广大干部见贤思齐、奋发有为，撸起袖子加油干，凝聚成创新发展的强大合力。

践行普惠金融，推动党建与业务融合发展

（2021年8月）

党建和业务融合既是党建任务，也是业务需要。旗帜鲜明讲政治是马克思主义政党的根本要求，也是实现高质量发展的根本保证。知易行难，尽管明白党建与业务融合的重要性，但实践中党建与业务结合不紧、"两张皮"的现象仍然一定程度存在。从农信系统改革发展的实际来看，主要表现在以下几个方面发生了偏离。

一是市场定位上"脱乡进城"。部分农商银行有违初心，在改制后"洗脚上岸"，脱乡进城，盲目、片面、不切实际地追求城市化和利润最大化，跟着"别人"跑，走了弯路。

二是经营方向上"嫌贫爱富"。部分农商银行淡化了支农支小的使命，热衷于放大额贷款赚大钱，热衷于做资金业务来快钱，放弃了小额业务，丢掉了基础客户，走了歧路。

三是内部管理上"欺软怕硬"。部分农商银行内控管理失之于宽、失之于软，制度不严密、执行不到位、问责不严格，过份追求速度不注重质量，出了风险。

四是精神面貌上"拈轻怕重"。随着交通、通讯和科技发展，背包精神和"三铁"精神被淡化、弱化，艰苦奋斗、勤俭办社的意识淡薄，

部分农商银行"早上一头雾水、中午一身汗水、晚上一脚泥水"的作风少了，精神上缺"钙"的问题严重。

一旦根基不牢靠，方向又出了问题，发展必然遇到难题。可见，实现党建与业务的融合发展，既是历史的经验教训，也是现实的迫切需要，更是未来的努力方向。要通过高质量的党建引领，推动业务高质量发展，实现党建与业务的全面融合、深度融合、有效融合。

（一）突出党建引领

一要提高政治站位，发挥政治优势。农村金融是一项政治性很强的工作，农信系统是党和政府联系广大农民的重要金融纽带。正是因为有了党的领导，才有了农信社独特的政治优势，才有了农信事业长久发展的顽强生命力。坚持和加强党的领导，是事关农信社"姓什么"的根本问题，任何时候都不能有丝毫含糊和动摇。

二要明确战略定位，发挥政策优势。党和国家对农村中小金融机构出台了很多优惠政策，目的就是要求我们支农支小战略定位不变。坚持立足并服务"三农"，既是农信社沉甸甸的社会责任和基本定位，也是农信社最可靠的生存基础和最持久的发展动力。

三要确保组织到位，发挥组织优势。农信系统有完整的组织体系，我们要将组织资源转化为发展资源、组织优势转化为发展优势、组织活力转化为发展活力，切实发挥党委核心引领作用、党支部的战斗堡垒作用、共产党员的先锋模范作用。严格按照对于涉及到行社运营的重要决策、重要人事调整、重要项目安排和大额资金运作的事项，必须先提交党委会审议，以党组织的领导决策作为企业运营决策的前置性程序，确保党组织对企业发展方向和大局的有效把控。

（二）实现共生共荣

习近平总书记讲，"金融活，经济活；金融稳，经济稳。经济兴，金融兴；经济强，金融强。经济是肌体，金融是血脉，两者共生共荣"。一方面，"问渠哪得清如许，为有源头活水来"，经济发展之"渠"

离不开金融"活水"的滋养；另一方面，"皮之不存，毛将焉附"，实体经济的稳定和繁荣，也是金融的根基命脉，脱离实体经济的支撑，金融就会成为无源之水、无本之木。地方党委政府的首责是发展经济社会，服务地方百姓。农商银行的职责是服务实体经济，满足百姓的金融需求。地方党政与农商银行是共生共荣的关系，互相离不开的。

一要践行普惠金融，解决战略方向的问题。实施普惠金融战略，是党中央、国务院立足新发展阶段赋予金融机构的新使命要求，是金融机构推进解决金融发展不平衡，助力乡村振兴的重要举措。农信机构要立志做农村金融的主力军，地方金融的排头兵，普惠金融的领跑者，乡村振兴的主办行。重点做到"三融"：融心，贴近更贴心；融情，建设有温度的百姓银行；融智，打造五机制一平台，即普惠金融组织联动机制、信息共享机制、信用保障机制、风险防控机制、成果评价机制和普惠金融数字化平台。注重"三基"：基础客户，基本制度，基本治理。

二要融入基层治理，解决方法路径的问题。"三四五"是农商银行融入基层治理最有效的方式。

构建三级共建：农商银行党委与乡镇党委合作共建。农商银行党委与乡镇（街道）党委共同主导，建立党建共创共建合作机制，对接共创共建的政策制定和机制建立，共同促进党建要求落实，产业支持有力，金融扶贫见效，小微服务到位，促推"三农"发展。支行支部与村支部协同共建。农商银行各支行党支部与行政村（社区）党支部建立学习交流机制，共同推进党支部"五化"建设，发挥基层党组织的战斗堡垒作用，实现整村授信、贷款公开全覆盖，为满足有效需求提供全方位金融服务。农商银行党员与村居党员互助共建。建立由农商银行党员（客户经理）与村（社区）党员共同负责、党员与群众参与的网格互助小组，为小组成员生产生活提供支持。农商银行党员联手农村党员带头入户走访，普及金融知识，提供金融服务，实现走访授信全覆盖。把农村党员重点培养成为农商银行优质客户，通过党员引领带动群众创业，扩大基础客户群。

打造四支队伍（一官三员）：乡镇金融组织员负责对接协调共建工作。村（社区）金融协理员负责对接协调整村授信和项目信贷资金落地。组（网格、经济组织）金融联络员负责协助入户走访、评级授信、建立台账等工作。支行党员和骨干担任"金融村官"，参与社区治理和村级服务，宣传金融知识，信息采集，帮助解决各种金融方面的事务。

做实五个步骤：深入访，入户走访全覆盖，做到村村寨寨有人走、家家户户有人问。全面录，全面采集农户和客户有效信息，记在走访笔记本上，录入信息系统。综合评，综合各方面条件，对照有关政策，对农户和客户进行信用等级评定。公开授，对客户的授信进行公开公示，接受群众监督。充分用，简化用信流程，减低贷款成本，提高用信额度。检验走访的成效其实很简单，就是看能否"进得门，聊得上，扫到码，混到饭。"

三要服务乡村振兴，解决目标导向的问题。农商银行助力乡村振兴的落脚点就是要加大信贷支持乡村产业发展，增强有效信贷投入，总的要求是放得出、管得住、收得回。经营理念上，要立足"四小"：小额存款最稳定，小额贷款最安全，小额客户最扎实，小额业务最亲民。方法路径上，要"四跟四走"：资金跟着能人走，能人跟着项目走，项目跟着农情走，农情跟着市场走。资金投向上，要突出"四新"：新农民，新产业，新平台，新经济组织。操作程序上，要方便快捷。要将走访工作做细做实，走访调查授信资料采集"一本书"，放款"一张纸"，创新"快贷"。

（三）培育企业文化

企业文化是企业发展的软实力，优秀的企业文化能够加强企业整体协调，增强企业团队凝聚力，有效发挥企业激励，增强企业核心竞争力。农信历史上的诸多价值观主张，最为核心的价值是"信"、"合"二字，这是根本。传承与创新是农信文化前行的两个轮子，二者缺一不可，不可偏废。既要认同农信积累的文化成果，又要善于吸收运用农信文化精髓指导实践，并因时因势而变，为农信文化注入源头活水，焕发

出新的生机与活力。

一要厚植合规文化。合规文化既是职责的需要，也是职业的需要。银行是经营风险的企业。培育合规文化，是这一本质属性决定的必然要求。培育合规文化是农商银行持续健康发展的有力保证，也是预防案件风险和经营风险的根本举措。要大力打造农信铁军，让合规意识成为农信人内心坚守的行为准则，注重培养和提升员工的职业忠诚度、操守纯洁度、服务满意度。职业忠诚度，是态度忠诚和行为忠诚的有机统一，员工对农商银行的高度认同和对农村金融工作的由衷热爱决定农信事业的健康发展；操守纯洁度，是政治操守纯洁和个人道德纯洁的有机统一，员工操守纯洁度如果出现瑕疵势必会给农商银行带来风险甚至造成灾难；服务满意度，是规范服务与优质服务的有机统一，也是考核评价农商银行实施普惠金融成效的重要指标。

二要崇尚奋斗文化。奋斗文化既是竞争的需要，也是发展的需要。农信奋斗文化用湖湘文化的俗语来形容，那就是"吃得苦、耐得烦、霸得蛮"。"吃得苦"，是奉献精神的体现，尽管近年来农信事业发展很快，但许多基层网点仍然地处偏僻、条件艰苦，必须守得住清贫、耐得住寂寞，才能巩固好农村阵地。"耐得烦"是工匠精神的体现，"三农"市场地域广阔、需求多元，必须持之以恒地深耕农村、深耕本土，才能将金融服务做到群众和客户的心里。"霸得蛮"是担当精神的体现，农村金融市场的竞争日趋激烈，必须塑造奋发向上的文化氛围和精神气质，开拓创新、敢打敢拼，才能立于不败之地。普惠金融之路既是一条艰难之路，但也是一条光明之路。

三要弘扬爱心文化。爱心文化既是人文的需要，也是社会的需要。金融企业是社会的一员，同样肩负着对国家对社会对员工的责任。弘扬爱心文化要以"爱"为核心，着力培养有情怀、讲感情，有温度、能暖心，有关爱、多善举的员工队伍。要不断加强对青年员工的理想信念教育，增强员工的政治自觉，做好党员发展工作，以党建带动企业文化建设，为业务发展提供坚强保障。

企业文化建设与企业党建对象相同、方向一致、目的一样、途径相通。农信系统要始终坚持强化党建工作，将思想政治引领、党员群众教育放在首位。通过党建工作的持续深入开展，增强企业文化的内涵，提升农信的吸引力、凝聚力和战斗力。农信系统各级党组织要高度重视企业文化建设，注重系统谋划和整体推进，探索形成符合自身实际、有自己特色的价值体系和文化体系，打牢百姓银行、百花齐放、百年老店之基。

后记

　　这本集子本来是去年献给中国共产党100周年的生日礼物，我考虑文字格律方面还需要请专家审查把关，就耽误了交稿的时间，一拖就到了年底。

　　天有不测风云。春节前夕，左膝犯疾，突然疼得不能下地走路。几经中草药治疗，虽有好转，但时有反复。至清明前到大医院做各种检查，才知道问题并不简单，需要置换膝关节才能治本。

　　夏至是太阳直射北回归线的日子，是南方一年中气温走高的时刻。可今年气温比往年明显偏低，晴无三日，处处洪水泛滥，加上时时新冠病毒变异株的侵犯，人们不知所措。人均医疗资源的不足让大城市的优质医疗资源更加显得紧缺。感觉身体一向良好的我，一不凑巧也加入到了抢医大军，抢挤上电梯，抢住院床位，住上一些时日，才真正感受到了医护人员的平凡而伟大。一生没住过医院的我，接受了一次较大手术的考验。半年未创作了，在病床上忍不住重新拿起笔，代表我自己和周边的病友们为不辞辛劳的医护人员献上了《鹧鸪天·医赞》词作："乍暖还寒夏雨飞，岳麓山下杏林曦。融情点滴坚冰化，转世华佗巧手为。湘江水，后浪推，骨软团队不是吹。迈过坎坷黄金道，续写风流千百回。"

　　《金刚经》告诉我们："过去心不可得，现在心不可得，未来心不可得。"痛苦的时候，一分一秒却有一万年那么长，幸福快乐的时候，一万年一百年，也不过一刹那就过去了。时间是相对的，真正的时间，万年一念，一念万年，没有古今，没有去来。人生在世，经历苦难在所难免，但心境、信心和毅力才是战胜困难的动力。

临近退休，我一度想放弃出版了，是文人朋友的鼓励，同时，一场大病过后思悟，觉得有些诗文似乎还是可以给读者一些启迪的。医院病区的封闭式管理太好了，就医期间，在相对清闲无人打扰的时光里，再次审视每一篇拙作，又检查出不少文字格律方面的毛病。看来，学无止境呀！

感谢中国农村金融杂志社的厚爱，我受邀参加第二届全国农信系统优秀课程及优秀讲师评选大赛，获评首席金牌讲师。此书的出版，也作为对《中国农村金融》等报刊和《金融作协》等新媒体多年来给予我工作及作品推介的答谢！再次感谢每一位师长友人！愿天下所有的好人一生平安！

2022年夏至